赵一天 编

# 超级少年户外手册

中央电视台少儿频道主持人

写给你的生存手册

WUHAN UNIVERSITY PRESS
武汉大学出版社

**图书在版编目(CIP)数据**

超级少年户外手册/赵一天编．—武汉：武汉大学出版社，2017.7
(2018.12 重印)
ISBN 978-7-307-19463-2

Ⅰ.超…　Ⅱ.赵…　Ⅲ.野外—生存—少儿读物　Ⅳ.G895-49

中国版本图书馆 CIP 数据核字(2017)第 150889 号

责任编辑:陈　豪　　　责任校对:李孟潇　　　版式设计:韩闻锦

出版发行：**武汉大学出版社**　(430072　武昌　珞珈山)
(电子邮件：cbs22@whu.edu.cn　网址：www.wdp.com.cn)
印刷:武汉中科兴业印务有限公司
开本:720×1000　1/16　印张:6.75　字数:72 千字　插页:1
版次:2017 年 7 月第 1 版　　2018 年 12 月第 4 次印刷
ISBN 978-7-307-19463-2　　定价:28.00 元

小时候，每当爸爸要带全家人外出游玩的时候，我们住的整栋楼都会沸腾起来，姐姐和我叫上其他的小伙伴，迫不及待地要去发现未知的大自然。而从小我就是小伙伴里的童子军、小跟班，我们拿着各种泥巴做的“土枪洋炮”，各种破铜烂铁做的“高科技雷达”装备，模仿着电视里战争片的情节，去刺探假想敌的“军情”。我想就是那时建立了我和小伙伴们的团队协作、观察判断的技能，让我们变得勇敢坚强。从小就拥有冒险精神，去驯服荒野好像是老天赋予我们的使命。进入中央电视台后，我开始主持综合户外竞赛类游戏节目《大风车 4+4》《快乐体验》，通过一系列的户外游戏、生存挑战，发现户外生存技能对于开发孩子的智力智商，挖掘孩子的独立行为潜能有至关重要的作用。同时我们在节目中看见很多孩子有优良的意志品质，能影响到更多孩子的互助关系、情感交流方式、面对社会的行为能力。直到今天，我们还在不断地认识自然，学习生存的技能，而我们把自己在生活和工作中的生存技能教给子女，不仅是让他们安全地活着，更能让他们拥有多彩的人生。

目 录

户外探险对每个人都充满着吸引力，我们可能出发的前一天晚上辗转反侧都睡不着觉，但亢奋的情绪其实并不利于第二天的活动。特别是极端条件下，比如在登山时，任何一次休息都至关重要，否则在你面对风吹雨淋的过程中，积蓄的体力不足以支撑对客观条件的情形判断。而这仅仅是出发前准备工作的一点。如何让我们的户外探险避免意外发生，以充足的准备去享受探险的乐趣？首先从认识装备开始。

我们先来看看世界上最牛的户外探险家都有哪些装备。

户外用品个人穿着用品：

## 一、服装篇

1. 冲锋衣裤（户外活动必备，防风、防水、透气、耐磨……）

2. 抓绒衣（含 WINDSTOPPER，主要是防风、保暖）

3. 排汗内衣（户外运动后保持身体干燥）

4. 快干衣裤（夏天出行的必备，裤管、袖管最好是可以脱卸的）

5. 羽绒衣裤（冬天出行或者去高原地带的保暖必备）

6. 其他个人衣物（一次性内裤、汗衫、T恤……）

## 二、鞋袜篇

1. 徒步登山鞋（适应性强、耐磨、防水，最好是中高帮的，可保护脚踝）

2. 轻便运动休闲鞋（适合一般的郊游活动，或开车时穿）

3. 运动凉鞋（可当拖鞋穿，夏天徒步也可直接穿）

4. 排汗袜子（最好是 COOLMAX 料的，配合 GORE—TEX 鞋穿，可排脚汗，冬天可防冻伤）

5. 普通运动袜（棉的，穿着舒服就行）

6. 雪套（在雪地或者泥泞路段很管用）

## 三、帽子、手套、眼镜

1. 遮阳帽（圆边的、棒球帽式的都可以，能挡太阳就行）

2. 抓绒帽（主要是保暖）

3. 薄手套（主要为了活动方便，比如可以拍照等）

4. 厚手套（主要起保暖的作用）

5. 眼镜（运动型的更好一点，主要功能是遮阳，也可以用来摆酷）

个人装备用品：

## 一、背包篇

1. 大背包（短途露营或者长途旅行必备，以背着舒适且能承

重为佳，45~80L 不等）

2. 小背包（短途旅行或长途备用，有一定的背负，15~30L 不等）

3. 腰包或挎包（长途出行时放随身小东西用，最好是可以放水壶的那种）

4. 摄影包（根据个人需要，斜挎的比较方便取用镜头）

## 二、野营篇

1. 睡袋（长途宜带体积小的羽绒睡袋，节省空间，还要根据季节的需要）

2. 睡袋内胆（长途旅行不露营的话，只要带个防脏的抓绒或者棉的睡袋内胆就可以了）

3. 帐篷（普通露营的话，一般的防水抗风帐篷就可以了，长途远行的话建议带体积小的、轻便的帐篷）

4. 帐篷地席（保护帐篷底面，免受磨损）

5. 防潮垫（普通的可以让你随时随地可以坐下躺下，充气垫让你更舒服）

6. 铝膜地席（携带轻巧方便，必要时可以作为摄影的反光板）

## 三、照明篇

1. 头灯（可以让你的双手腾出来，很方便）

2. 手电（作为备用的照明，还是比较可靠的）

3. 营灯（在营地用或者在帐篷内用，效果很好）

4. 荧光棒（有一定的作用，不要乱扔，不环保）

5. 防风打火机（用处不小，应急时做照明不错）

6. 防水火柴（也是应急之用）

## 四、炊具篇

1. 炉头（让你在野外可以吃到热的东西，小资用品之一）

2. 气罐（配合炉头使用，注意携带安全）

3. 套锅（有了灶台，没锅可不行，烧饭、烧汤、煮面、煎蛋都靠它了）

4. 小钢杯（环保用品，喝什么都可以，早上还可作为洗漱杯）

5. 烧烤炉（自驾车活动可以携带的用品）

## 五、水具篇

1. 户外水壶（可以有效地防腐，颜色比较酷）

2. 军用水壶（也可用作一个饭盒，这点比较实用）

3. 水袋（野外穿越或自行车旅行时比较管用）

4. 保温水壶（冬天出去，喝一口热水是一种享受）

5. 净水器（比较专业，对生活质量有要求的人士适用）

6. 净水药片（携带方便，净水效果一般，但可满足基本要求）

## 六、通信篇

1. 手机（最常用的联系方式，信号最关键，在野外经常用不上）

2. 对讲机（团队活动中很管用的装备，前后呼应，在一定范围内很实用）

3. GPS（全球定位系统，专业的玩具，可以帮忙定位、定线路、防迷路）

4. 求生哨（携带方便，也可作为团队联系方法之一）

## 七、其他篇

1. 登山杖（使用得好，可以节省20%左右的体力，还可作为独脚架）

2. 洗漱包（用处不说了，井井有条而已）

3. 个人卫生（牙刷、肥皂、毛巾、牙膏、手纸、爽足粉、耳塞、防晒霜、唇膏、发热贴、指甲钳、净水器药品、个人药品）

4. 背包雨罩（不仅可以防水，长途旅行的话，是防尘的理想工具）

5. 背包捆扎带（可用于背包外挂物件的固定，必要时可连接做保护绳）

6. 地图（无论是长途还是短途，都用得着的工具）

7. 小快挂（方便在背包上随便挂取小物件、毛巾、帽子、垃圾袋等）

8. 指南针（野外辨别方向、迷路后寻找方向的有用工具）

9. 军刀（男人身上都应该带一把，小到削苹果，大到砍树，都可以用）

10. 户外手表（可以测海拔、气温、气压，带电子罗盘、计

时和闹钟等功能）

11. 头巾（既可擦汗，又可做围脖摆酷、御寒）

12. 防水袋（保护衣物、用品不湿，方便背包内的整理）

13. 证件袋（贴身放重要的证件或钱财）

14. 小型望远镜（扩大视力所及范围）

15. 针线包（万一衣物坏了，缝缝补补总是要的）

16. 笔记本（记录旅行的心情或账务的需要）

17. 备用电池及充电器（很多东西用得到电池）

18. 充气枕（长途乘车或飞机时的理想伴侣）

19. 药品（感冒药、消炎药、防晒霜、好得快、黄连素、止血绷带、创可贴、维生素药片、眼药水、红花油……根据个人的不同需要携带）

20. 备用食品（压缩饼干、巧克力、牛肉干、葡萄干、能量棒……）

21. 求援信号弹（万一遇到紧急情况，被困在荒无人烟的地方，要知道怎样发送求救信号，这是野外生存爱好者必须掌握的野外生存技巧，比如彩色烟幕弹）

看了这么多装备，你是不是已经晕了？没错，这是简单的罗列，每一次所需要准备的装备，根据去的时间、地点、行程的长短，去湿热的南方还是去寒冷的北方，去海边还是去沙漠等因素而决定。《大风车》录制户外体验节目时，每一次导演告诉了要去哪，就基本知道要带什么样的服装、鞋、护具等。

## 背包篇

你一定遇到过这样的情况，不小心小刀在手上划开了一道伤口，这时你第一时间要找什么？可能很多人的回答都是创可贴，但其实对伤口的消毒与伤口的愈合同样重要。而在野外我们更容易被身边的植物等划伤，因此一个应急急救包必不可少。

在我们出发前，必须要准备好应急包以备不时之需。应急包就是在发生灾难的情况下，比如地震、海啸等自然灾害发生的时候，让受灾人们能够积极自救互救，并且为他们争取等待救援时间的一系列物品。

## 急救包

应急急救包里的基本急救用品指用于包扎、止血、固定、伤口处理的急救用品，如消毒纱布、绷带、胶布（带）、止血带、创可贴、酒精棉片，等等。个人药品包括日常消炎药、止泻药等日常非处方药，以及病人特需药品，如速效救心丸等。

## 水

最好不要用水壶装水，一是重量影响移动，二是不够清洁。首选是救生水，这样的水适量饮用即可缓解因缺水造成的身体不适，必要时可用于清洗伤口，以避免感染。救生水能有效地为机体利用，延缓人体对水的需求。其次是购买普通瓶装水。每天至少一升，定期更换。保证在应急包不特别重、疏散便捷的前提下，准备的水和食品越多越好。

## 急救毯

可能你从没有见过这个看起来很普通的毯子。急救毯一般用锡箔纸或铝膜做成，具有保暖、御寒、防晒等作用。而更重要的是，节目中经常设置这样的情节——在指定位置找到伤员，并用通信设备联系大本营，将急救毯裹在身上，可利用其反光作用帮助救援人员寻找目标。急救毯韧性好、轻便、柔软、可塑性强，可以用来当担架。能使 200 斤重的人平躺在展开的急救毯上，六个人同时拎起急救毯的四个角和毯边的中间。

## 睡袋

早期人类都是采用动物皮毛制作保暖御寒的衣物和睡觉时候使用的垫子，至今包括在北极附近生活的爱斯基摩人，仍有人在使用。睡袋舒适温度是使用者在整夜睡眠中的一系列温度，有最高和最低限度。

睡袋通常分五个季度。一般除非特别寒冷和炎热，我们选择三四季度就好。

怎么睡？钻进睡袋时不要穿太厚，睡袋通常可以锁住热量，如果穿得多易出汗，水分很难排出，会使你感觉潮湿，夜间温度下降体感很冷，容易生病。如果睡袋有全长拉链，在热的时候，可以把拉链打开。保持干燥和保温同样重要。

## 帐篷

记得在汶川地震时，我们第一时间赶到那里，大家都是睡在帐篷里。在危急时刻帐篷是我们的庇护所，给我们远离灾害的安全感。

除了军用帐篷，小朋友还经常看见大马戏团的人字顶大帐篷，又称大篷房，主要用于各种户外大型活动。

帐篷通常是指撑在地上遮蔽风雨、太阳，并供临时居住的棚子，可随时拆下、转移。让我们了解各个部件的名称和使用方法，熟悉帐篷的构造，一起快速、方便地搭起帐篷吧。

搭建：选择扎营时帐篷侧面最好靠着树或石头。如果底部不平，又没有较厚的地垫的话容易扎坏帐底，一般情况下可以找枯草或树叶铺到底部填平。即使是斜坡，也要找一块相对平坦的地方搭建帐篷。后面第二章我们将重点讲解。

## 工具

如果在野外要待很长时间，我们需要携带刀具、磨刀石、斧头、锯子，它们可以帮你开辟路，清理出搭营地的空间，还可以制作各种工具。但是上述最好在专业人士的指导下进行，否则可能造成不必要的伤害。

## 打包

每次在打包的时候，我们都很兴奋，想把很多好东西都带上。但是我们都有类似的经验，开始的时候因为心情愉快，感觉背包格外轻松，等回程的时候发现是那么沉重。多次出行的经验表明，只用带必需的，我们要做的是——减法，去掉不必要的东西。想一下马拉松运动员，连身上的衣服都很轻薄，就是希望能够跑得更远。

在部队军训过的人都知道打包的一些标准，这些都是不错的建议：

- 背包重量不要超过体重的1/4；
- 尽量将背包向上背；
- 用防水塑料袋把物品包好；
- 不规则和坚硬的物体，应放在远离背后安全的地方。

除了这些打包标准，根据我们自己的经验，不常用的、重的东西放在背包底部，轻的物品放在上层和外层，而防潮垫可以绑在背包下方。背包有时候可以当做靠背，坐下时可以支在石头和大树旁。

下面就让我们一起来打包吧！

看看下面的标志你认识几个：

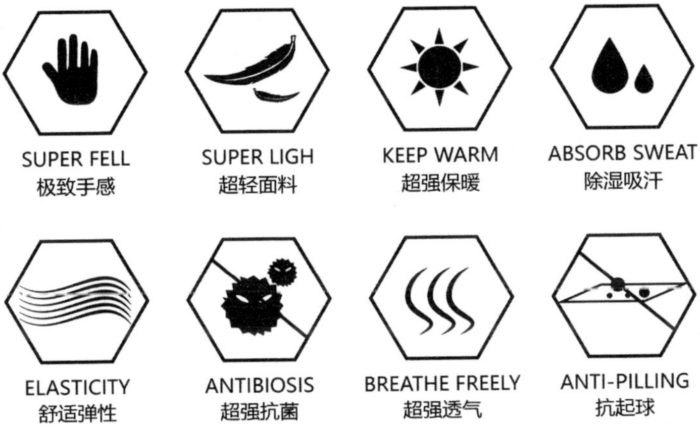


## 内衣

全棉的衣物是妈妈们的最爱。但是在户外体验的过程中，孩子特别容易出汗，而户外探险最经常的时间是早晚温差大的春秋天。全棉衣物吸汗不容易干，如果遇到硬的风，很容易生病，这就是专业的户外教练最爱速干衣的缘故。

## 长袖长裤

记得有一次，我们去北京北部坝上草原，正值深秋，很多地方灌木杂草丛生，孩子们因为缺乏保护意识，很多被锋利的植物和小飞虫骚扰。这提醒我们一点，很多女孩子喜欢穿裙子，但是如果不是单纯为了拍照，或者你很有“爱心”，想喂喂郊野的蚊子，最好还是穿长袖长裤，这样可以保护皮肤不被侵扰。除此之外，你的衣领最好可以翻折，避免晒伤脖子。

其实前人总结了很多很好的经验，美国士兵有一套“COLDER”准则，对于我们每一个人都适用：

服装的 COLDER 准则：保持服装清洁（Clean）、避免过热（Overheating）、衣着宽松（Loose）、多穿几层（Layers）、保持衣服干燥（Dry）、检查衣服问题（Examine）、及时缝补（Repair）。

## 神奇的头巾

头巾本是古代劳动人民在地里进行农作的时候，为了尽量避免太阳炙热的光照而发明的，简单、朴实且实用。尤其可以看到，在沙漠和早晚温差大、太阳毒辣的地区，人们都爱头巾。而在户外头巾有很多功能：防风、隔热，可以当围巾、面罩，放在手上可以当护腕、连指手套等。

## 鞋子

鞋的发明经过很长的时间，或许是在人类进化后，为了避免脚的疼痛而发明的。但随着时间的推移，鞋的重要性慢慢地体现了出来。鞋的推广和发展或许和当时的战争也有一定的关系。

中国有句古话：寒从脚下来。足见对脚的保护至关重要。为什么户外一定要穿专业的鞋呢？

户外鞋、登山鞋、越野慢跑鞋都是经过千百次前人的经验而设计出来的。穿越山林溪间，双脚不会因为浸水而沾湿，好的鞋有排水系统与透气防水布料，让湿气不易进入且快速排出，达到双足干燥、舒适的最佳感觉。

记得一次高中军训的时候，刚入军营就开始紧急集合，我们穿着刚发的新鞋和衣服，负重行军 10 公里，脚磨出了大大的血泡，几乎每走一步都疼得不行，直接影响后面的进程。所以一双大小合适的、质量好的户外鞋是多么重要！穿鞋不仅大小新旧很重要，还要根据你的路程远近来挑选尺码，因为远途跋涉，脚会肿胀，比日常的鞋码要大，选择户外鞋时尺码一定要留有余地。如果自己的鞋大半码，最好穿上厚棉袜。在不系鞋带的情况下，将脚趾紧顶在鞋的前端，脚的后跟部可以放下一根手指就是比较合适的尺寸。

户外鞋要注意三点：

鞋帮：低帮鞋轻便灵活，高帮鞋在设计上很好地保护了户外活动时容易疲劳和受伤的脚踝部位，适合高低不平的山地。

面料：面料保证鞋的防水性。日常穿有点大材小用，而且透气性也受到影响。

鞋底：花纹各异的鞋底，可不是为了好看。路途崎岖，不同的花纹保证了优良的抓地性。

袜子：保护双脚与鞋子的摩擦。不能太紧，否则会阻碍血液的流通，导致双脚更冷。尽量多带速干的袜子，一旦进水要迅速更换。

## 手套

世界上最容易被遗忘的两个东西，一个是雨伞，还有一个就是手套。记得小的时候，妈妈给我们戴的手套都有一根绳子连着左右手，唯一目的就是一副手套一起丢掉。但是在户外严酷的条件下，丢了手套相当于丢了户外的防身利器。手套有很多功效：防止意外的一般穿刺，防止操作时被工具实物伤害，防止手指长时间的潮湿浸泡，对手有保暖的用处。夏季手套应选择薄的、速干、防紫外线的。根据自己的实际情况选择一双携带方便，且防滑耐磨、防水透气、保暖的手套，更好地保护好自己的双手。

小的时候，躺在家里的阳台上，仰望星光，寻找由天枢、天璇、天玑、天权、玉衡、开阳、摇光七星组成的北斗七星。爸爸教我们把这七星连起来，想象为古代舀酒的斗形。古人通过夜观星象以占测人世的吉凶祸福。

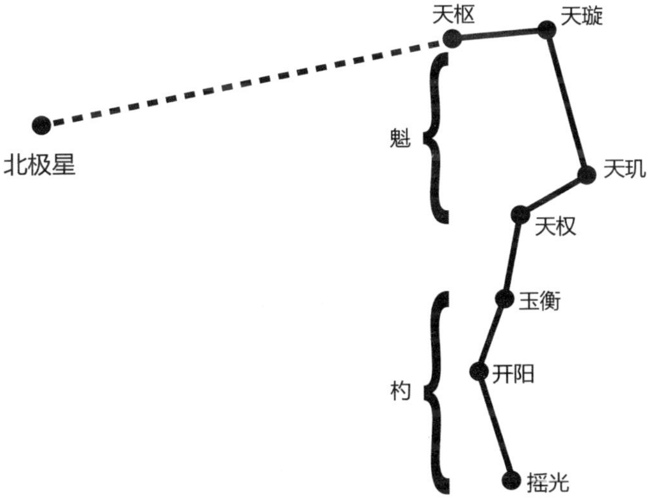


古希腊星图和中国古代星图是世界上两大体系，前者逐渐演

变为目前国际通用的88个星座。中国古人非常聪明，早在上古时代就开始将满天星斗划分成群，并为它们取名。到了三国时期，由天文学家陈卓统一全天星官，形成了以“三垣二十八宿”为代表的中国传统星官体系。

在户外以及黑夜中辨认方位是非常重要的，我们可以通过北斗七星辨认方向。找到北斗七星勺口前两颗星，连线，向勺口开口方向延长两颗星之间距离的五倍找到北极星，北极星所在方向就是正北，根据上北下南左西右东确定四个方向。

若在晚上每隔一个小时观察一下北斗七星，你会发现它不断慢慢围绕北极星自东向西转。而北极星则一点也不动，永远处在北方，夜间行路、航海，只要认清北极星，就能指示北方的方向了。

## 指南针

在我们的背包里，还有一个重要的东西——指南针，是中国古代四大发明之一，它的发明对人类的科学技术和文明的发展，起到了无可估量的作用。记得小的时候，我一直以为指南针就是指向南方，其实不是，这里有必要普及指南针的使用。

地球是一个大磁体。地球的两极分别在接近地理南极和地理北极的地方。地球表面的磁体，当可以自由转动时，会因磁体同性相斥、异性相吸的性质指示南北。

手机上一般有这个软件——电子罗盘，也叫数字罗盘，是利用地磁场来确定北极的一种方法，应用到手机上，其实就是电子指南针。但是在户外手机没电或损坏的情况下，就会影响使用指南针功能，这对于户外的人来说是非常危险的。

下面我们就一起来学习怎么使用指南针。指南针的表盘，呈圆形的一圈有着精准刻度，刻度 180°的地方是南，刻度显示为 0 的是北方，东的方位则刻度显示为 90°，270°是西。把指南针平放，周围不要有磁场干扰。待指针摆动停止后，看指针，一般白色指针指向南方，红色指针指向北方。如果标有 N 和 S，那么 N 是北，S 是南，能够分清南北就可以使用了。为了保证测量的准确性，使用指南针时要远离产生磁性的物体，保存的时候避免撞击硬物。

还有一个辨认方向的办法叫立竿见影。晴朗的白天，在地上插一根竹竿，使其与地面垂直，在太阳的照射下形成一个阴影。把一块石子放在影子的顶点处，约 15 分钟后，竹竿影子的顶点移动到另一处时，再放一块石子。然后将两个石子连成一条直线，向太阳的一面是南方，相反的方向是北方。竹竿越高、越细、越垂直于地面，影子移动的距离越长，测出的方向就越准。

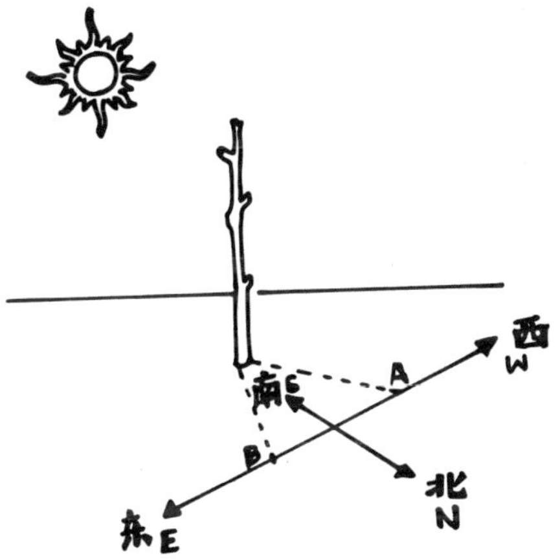

## 天气的秘密

我们经常埋怨天气预报不够准确，因为天气预报是对一个地区大面积预报，但是通常局部地区的天气千变万化。通过周围的环境判断未来一段时间的天气，可以让你的户外体验事半功倍。

例如，天气好的时候，白天与晚上的温差变化大，遇到冷空气的水蒸气变成小水滴或结成霜，所以晚上愈冷，第二天天气愈好。

天气变化都会有一些先兆，自然界和动物界是最敏感的，通常比人类要更早地预测天气的变化，所以我们要仔细地观察。而我们自己的身体也是最好的天气预报员，有的人头发变紧，不易梳理，意味着天气转坏。如果变得易于缠绕或者不再如通常那样挺直易于梳理，很可能将有一场暴风雨来临。我们的爷爷奶奶有的患有风湿性关节炎，在空气湿度增加时会感到疼痛和不舒服。

在户外通常会点篝火，它不仅可以取暖、烹饪食物，我们还可以通过观察篝火，判断天气的变化。如果烟火稳稳上升，表明天气不会有太大变化，依然会很好；如果烟火闪烁不定，或者升起又降下，可能未来会有暴风雨。

以下是前人总结的经验。

自然变化的征兆：

1. 远山可见，天晴；近山模糊，天雨。因为空气干燥，天气晴朗，远山才可看清楚。

2. 可以很清楚地听到列车的声响，会下雨。天气阴沉时，白天与晚上的温差变小，声音容易传远。

3. 看到猫洗脸，可能会下雨。猫用前脚洗脸，是因为要下雨时，湿度增高，跳蚤在猫身上活动起来。

4. 青蛙鸣叫不停，会下雨。青蛙皮薄，能够感觉到湿度的变化，因此如果比平常叫得更激烈，表示空气中湿度大，会下雨。

5. 早晨见蜘蛛网上有水滴，天会放晴。天气好的时候，白天与晚上的温差会变大，遇到冷空气的水蒸气变为小水滴。

6. 鱼跃出水面，会下雨。下雨前，大气压会降低，导致水中氧气变少，鱼跳出水面吸收氧气。

7. 燕子低飞，会下雨。天气转坏时，昆虫多靠地面飞行，燕子想吃昆虫，所以低飞。

8. 面临海岸，冬天有雷鸣时，西北季风吹来，会降大雨。

9. 蚯蚓钻出地面，会下雨。天气转坏，湿度增加，地面变暖，蚯蚓就会钻出地面来。

10. 霜受到朝阳照射，发出灿烂光彩，会天晴。霜的成因是夜晚寒冷，与白天温差大，白天温度高，会天晴。

天气变化的征兆：

1. 白天山谷的风从山顶吹向山谷，夜间从山谷吹向山顶。

2. 早晨出现绢云，而后黑云增多，并徐徐下沉。

3. 云团行走很快，并有增多之趋势，这是暴风雨的前兆。

4. 风向突然变化，并越吹越大，同时还伴有乌云吹来。

5. 在干热或雾气弥漫过后，能见度突然转好。

6. 清晨雾满山谷，至晚仍不消散。

7. 白天太阳周围出现大晕圈，夜间月亮周围出现小晕，这是大风的征兆。

8. 黎明前星光闪烁不定。

9. 傍晚气温增高，夜间很暖，并有闷热感。

10. 半山谷的云雾上升，可能是暴风雨来临的兆头。

## 露营地选择

我们在野外能享受充分照射的阳光，异于城市的清新空气，但是大自然千变万化，并不一直都是你的好朋友，有时它生气会致命。因此，我们在选择露营地的时候就非常有讲究，这会影响你在野外的安全和是否容易实施援救。

近水：营地要选择离水源近的地方，这样既能保证做饭饮用的用水，又能提供洗漱用水。但在深山密林中，近靠水源会遇到野生动物，要格外小心注意。

背风：最好是在小山丘的背风处、林间或林边空地、山洞、山脊的侧面和岩石下面，等等。

避险：营地上方不要有滚石、滚木，不要在泥石流多发地建营，雷雨天不要在山顶或空旷地上安营，以免遭到雷击。

防兽：建营地时要仔细观察营地周围是否有野兽的足迹、粪便和巢穴，不要建在多蛇多鼠地带，以防伤人或损坏装备设施。要有驱蚊、虫、蝎等的药品和防护措施。在营地周围撒些草木灰，能非常有效地防止蛇、蝎、毒虫的侵扰。

平整：营地的地面要平整，不要有树根、草根和尖石碎物，也不要有凹凸或斜坡，这样会损坏装备或刺伤人员，同时也会影响人员的休息质量。

选择宿营地“十不原则”（经验之谈）：

1. 不要在风口搭建庇护所。
2. 不要在低洼地和干涸的河道（水道）上建立营地。
3. 不要堵住野兽的通道。
4. 不要在距离水源太近的地方扎营。
5. 不要在瀑布下面宿营。
6. 不要住在孤立的高树下面。
7. 警惕“飞”来之祸。
8. 别捅“马蜂窝”。
9. 大雪无情。
10. 密林深处不安家。

## 搭建现代帐篷

选择好了宿营地，接下来我们介绍帐篷的搭建方法。

安装步骤一：我们要进行地面清理，使其平坦。如地面上有小石头，要把它们一一平整，至少不会有大的石头。如果缝隙过大，可填补树叶或沙土。野外有很多小动物出没，我们要避开各种动物的洞穴，如果第二天帐篷里爬满小小的蚂蚁，会完全影响你户外的好心情。

安装步骤二：选地势相对平坦的地方搭帐篷，把内帐放在之前清理过的地上，把折叠的帐杆拿出来，一节节拉直，并连接成一根长杆。

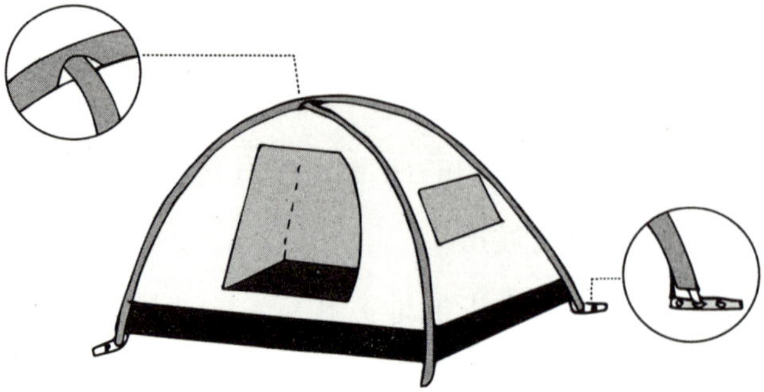

安装步骤三：两根杆子都穿好后，接着就可以把每根杆子的一头插进帐篷角上的小孔里。然后两个人配合，分别拿住两个头，把杆子往里顶，这样就可以使帐篷拱起来了。直到把其他的头也插进小孔里面，帐篷就基本成型了。当然这只是大致的轮廓，想要牢固还要在帐杆的交叉处用绳子拴一下。然后想好门的朝向，就可以把帐篷用地钉钩住四角的环插进土里，固定好。要注意的是一定要把帐底撑好，让整个帐篷鼓鼓的。

安装步骤四：很多帐篷还有外帐，把内帐放在打开的外帐里。这个步骤要注意的是内外帐的门要统一，否则到时搭好了也无法进去。内帐的四个角对应帐篷的四个角挂好，有的帐篷是把外帐的四个角也用地钉钉在内帐的四角周围，看看外帐还有没有挂环可以钉地钉。要让外帐也鼓鼓的，和内帐有一定的距离，因为这样下雨的时候内帐才不会湿。另外还有一点，因为早晨外帐上会结一层露或者霜，有一定的空间也是为了不弄湿内帐。

安装步骤五：我们注意到外帐上还有一些绳子，绳子的存在当然是有原因的，用来加固帐篷，不过没有很大的风可以不用。但是像我这样不拉绳子没有安全感、睡不着的人，还是拉上最好，万一晚上天气变冷呢？拉绳子也是用地钉，拉绳子的难度不高，拉好即可。

安装步骤六：帐篷门应该设在避风的一面，即使是夏天也应该如此。如果营地有一定坡度，帐篷门应该尽量位于下坡。如果有多顶帐篷同时在一起宿营，不要为了整齐而一字排开，那样不利于在夜里相互照顾，尤其是两端的帐篷更显得孤单。可以成马蹄形排列或者交错排列，也可以排成两排，并与营火保持一定的距离。帐篷之间应该留有一定的空间，以免从帐篷上滚下来的水过分集中造成地面积水。

安装步骤七：在野外帐篷只要撑起来，尤其是夏天，就一定要准备纱窗，否则会有很多蚊虫进入帐篷。注意不要把虫子带进去，尤其是鲜艳颜色的帐篷，周围会有很多小飞虫，它们非常喜欢钻进黑洞里，遇到它们一定要捂住口鼻，赶走飞虫再进入帐篷。

## 印第安帐篷

很多时候因为帐篷过大，或者日间短途户外，人们不愿意搭帐篷。但在户外探险过程中，遇到极端天气，或者有人受伤等待救援，都需要搭建临时庇护所，可以保暖御寒，暂时远离灾害。

我们可以利用现有装备，配合周边的物料搭建临时庇护所。提到帐篷的鼻祖，我们就要说到北美印第安人。他们原本是 2 万多年前从亚洲迁徙到美洲的一个古老民族，印第安人遍布于北美大陆，他们的衣食住行、风俗习惯是在特定的自然环境中及长期的历史发展过程中形成的。

一起看看印第安人的帐篷怎么搭。首先收集一些干燥的木头，还有一些长的树枝，按照建造印第安人圆锥形帐篷的方法准备六根长柱子，根据住的人的身高，每根柱子长度一般 2~3 米。用这些柱子围成一个直径 1.2~1.8 米的圆形底座。

竖好支架后，小心地把其他的架子也搭上去，用绳子在靠近柱子顶端处把柱子捆绑到一起，所有柱子围成一个锥形的架子。要确保扩展面的平滑，不能出现某根或某些木头和其他木头不在同一平面上的情况。这样才能避免缝隙的产生，否则雨水就会流进去。要把木棍修饰整齐，有空隙的地方可以用短一点的木棍填充。在靠近地面的地方，可以用短的木条、树枝等填充。要确保有空隙的地方都被填实。

印第安人以前搭建帐篷收放自如，用皮革制品做成帐篷，而我们通常没有这么大的皮制品，就要在窝棚的外表面铺上一层大树枝、青草替代皮革，把所有的空隙都遮住。然后，从窝棚的底部开始，交叠着再铺上一层。在窝棚半中腰的地方，单独撑一根梁木，这样可以给整个窝棚更好的支撑。

当用草和树枝把所有的地方都覆盖好以后，从窝棚底部开始再铺一层覆盖物和土。这样处理之后，窝棚就可以抵御雨水的侵袭，还可以保持窝棚内的温度，也比较经久耐用，可以用上不短的一段时间。

最后在最外层再加上一层木棍、树枝，以防止覆盖物被吹走。这样处理以后，窝棚的各个部件就牢固地连在一起了。一间坚固的窝棚还要开一个小门，门的朝向很有讲究，应该朝东或者朝东南方向。

除此以外，在野外安营扎寨还有很多方法：

以洞穴为庇护所：洞穴是绝佳的天然庇护所。早期人类就是利用洞穴为住所，其有诸多优点：比较坚固、防风雨、防御性好。但是洞穴不通风，生火的烟不容易消散，而且容易沾染细菌。

倒树式茅草屋：森林里经常有倒伏的树，有的树根面积大，形成距离地面一个类似伞形的形状，两面架上树枝，覆盖干草就可以成为很好的庇护所。如果树丫分叉位置和人身高差不多，可以架上一根树枝，把干草盖在用树枝搭好的架子上。有条件的话可以层层固定，上面压住下面可以使雨水顺流而下。

其实还有很多帐篷，大多大同小异，只要方法正确、搭建牢固，就是好的帐篷。

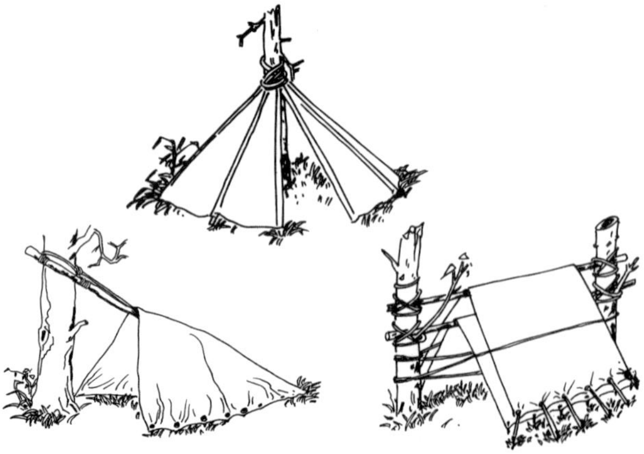

## 雪屋

在遥远的北极，居住着爱斯基摩人，他们居住在用雪砖砌成的屋子里。你一定认为这样的屋子寒冷潮湿。其实它和我们平常住的房子是一样的，不仅可以抵抗北极地区暴风雪，还可以起到储存食物、御寒保暖的作用。

我们在录制冰雪系列的节目中，曾经比拼过搭建雪屋。我们准备了搭建雪屋的原料，准备了比建筑用砖更大的雪砖。

首先我们要选择一个开阔、向阳的平地，在地上堆出一个圆形，直径可以放下一个人就可以，每叠加一圈，向内收缩一点，圆圈愈来愈小，最后形成一个封闭的、半球形的圆顶。在南面开一小窗，小窗上方要伸出一块板形的雪块，可掩挡雪花飘打窗户，亦可折射太阳光线，使其能直照室内。最后在砖头缝隙填满雪，这样温暖安全的雪屋就建好了。雪屋是圆形的，不但可以阻挡刺骨的寒风，还能保护屋顶，使它不会融化。

如果有机会去北方，在哈尔滨每年都有冰雕节，你会看见一座座雪屋。而在北极，因纽特人常年住在里面，谁也不会被冻坏，甚至晚上睡觉会脱光衣服钻进动物的毛皮里。有机会的话在冬天我们可以体验一下。

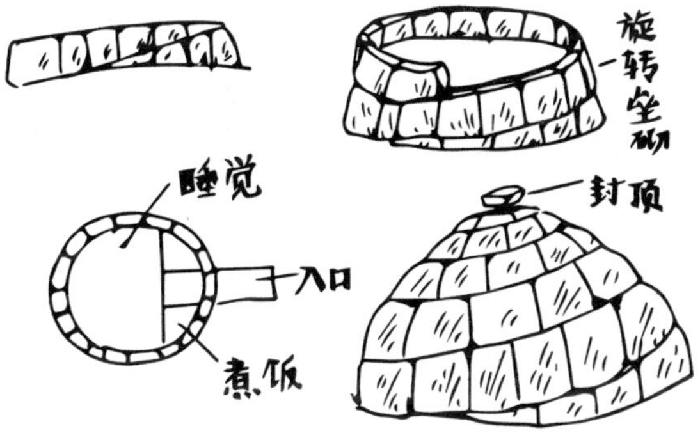

户外有一项技能非常基础却又非常重要，相当于芭蕾的手位、钢琴的音阶，那就是使用绳子。在户外若能灵活地使用一条绳索，便能在户外更便捷、更安全。

记得我们在黄山太平湖的小岛上，带着孩子们完成了三天两夜的荒岛生存，导演给的条件就是没有任何工具，去完成不可能的极限挑战。我们能用的就是我们的智慧和双手，和我们的祖先一样，就是用双手去制造工具。这也是我们和动物的区别所在：制造工具。

## 一、编草绳

在户外我们会遇见很多适合编织的材料，高茎草、稻草、扎人的野草，像柳树枝一类的枯枝等都是非常好的编绳子的原料。我们在一些地方，还能看见很多手艺人用稻草编席子、制作器皿、斗笠、草鞋等，而基础都是用它编绳子。找到原料以后还可以用凉水浸泡，这样绳子在后期不会缩水，变得松散。

找 4~6 根稻草，在一端打结，剩下的部分平均分成两份，用双手手掌一上一下搓动上劲，就会自动扭成绳子了。一边搓一边加两根稻草进去就接上了，一直重复直到你需要的长度，然后打结完成。如果需要绳子更加结实，可以将现有的绳子对折。

## 二、常用绳索结

首先我们要了解绳索各部分的名称：

绳端：一条绳索的两端。

主绳：从端头到绳体的主要部分。

绳耳：绳子弯曲的部分。

索眼：圆圈的部位。

### 单结（ Overhand Knot ）

若想在绳子上打一个结，单结是最简单的结。单结可发挥绳栓的作用，除此之外，在拉握绳子时，单结可以用来防止滑动，而且当绳端绽线时，它也可以用来暂时地防止其继续脱线。但是我们都有经验，当结打太紧或弄湿时很难解开。

以这个结作为基本，还可以变化成结形较大的多重单结，如圈套结之一的活索，将绳与绳连接的固定单结，做成一个固定圆圈的环结，以及在一条绳子上连续打好几个单结的连续单结等。

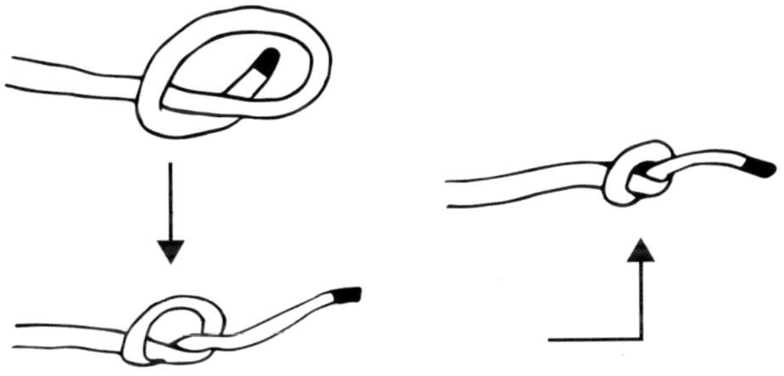

## 活索（Noose）

一种简单的圈套结。拉紧绳子的前端即可做成一个圆圈，圆圈中间没有任何东西，一拉绳子即可将结解开。

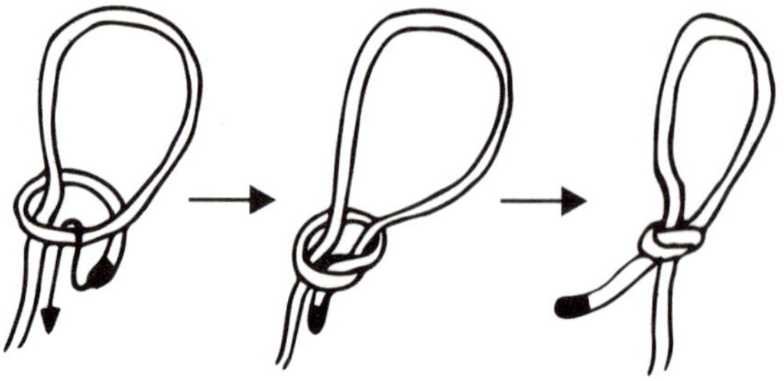

## 八字结（Figure-Eight Knot）

广为人知的八字结一如其名，它的结打好后会呈现“8”的形状。不过在意大利，人们把八字结称为“皇室结”，因为结形正是意大利皇室家族徽章的模样。此外，八字结也象征着诚实的爱与不变的友情，所以也有人把八字结称为爱之结。

八字结主要是作固定防滑之用，尤其对靠海维生的人而言，八字结的存在更是举足轻重。然而在山林天地里，八字结的变化——双重八字结比八字结用途更广。不论是做绳圈或是连系绳缆，双重八字结的效果均相当非凡，除了攀岩时经常用到它之外，户外生活中的各种场面也少不了它。

八字结的结目比单结大，适合作为固定收束或拉绳索的把手。八字结的打法十分简单、易记，它的特征在于即使两端拉得很紧，依然可以轻松解开。

打法：(1) 将绳端先行交叉；(2) 将一头的绳索绕过主绳；(3) 将绳头穿过绳圈后拉紧完成。

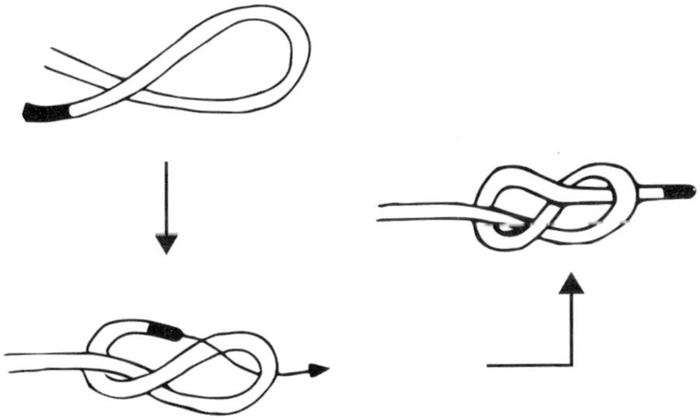

## 接绳结（Sheet Bend）

接绳结是连接两条绳索时所用，打法简单，拆解容易，可适用于质材粗细不同的绳索，安全可靠程度相当高。当两条绳索粗细不一时，打的时候先固定粗绳，然后再与细绳相连。

接绳结的打法有两种，一般最常使用的是下面所介绍的打法1，适用于连接细绳或想要迅速打好时。

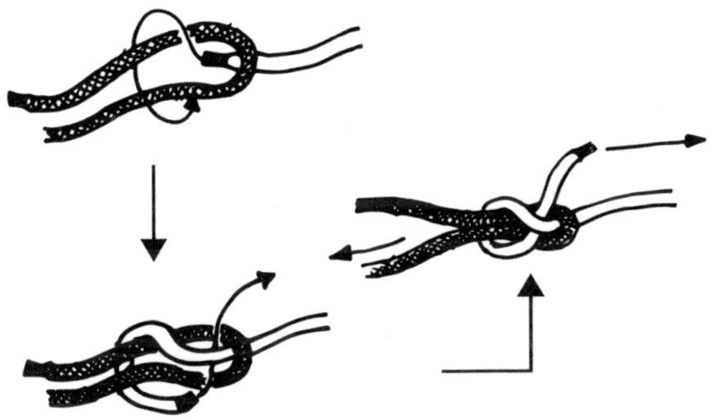

## 双半结（Two Half Hitch）

两个半扣结加起来的威力非常惊人，那就是双半结。即使把绳索拉到极限，双半结也不会松散，而且可以很容易地解开。利用绳索绑系物品时，双半结的简易性与结实性堪称所有绳结中的最佳选择，应用范围十分广泛 ，尤其在露营等野外活动中威力无穷。

不过，双半结看似容易，一旦要打时，往往无法立即成功，这大概是双半结唯一的缺点吧！

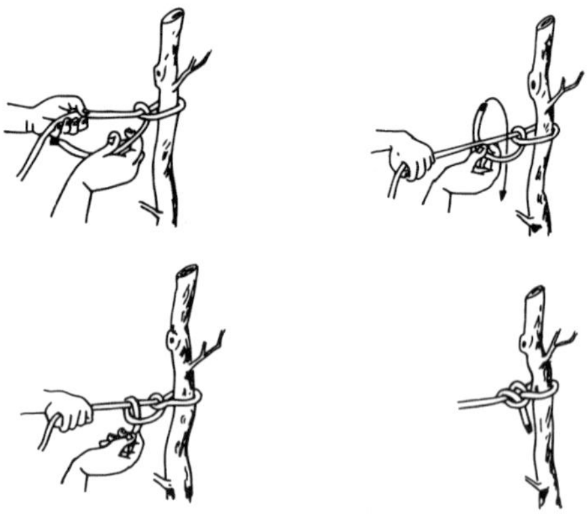

## 展立结（ Sheer Lashing-Sheer Leg ）

主要用途是连接两杆并立，结完成后，两棍还可作交叉状，不必平行相对。因此它往往用来作剪刀形的连接。

先把两棍平行相对，并在其中一棍绑以一个双套索，然后把所余的绳头部分向绳身缠绕，接着把绳围绕两棍八九次。

完成上述步骤后，把绳身穿过两棍中央的狭窄孔隙两次。

绕两圈之后，在另一棍上捆以双套索收尾。

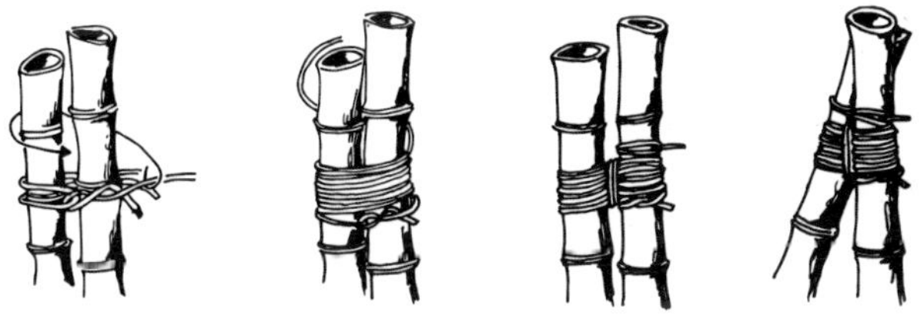

学习了这么多绳结的打法，我们就可以做很多事了，比如在野外搭一张桌子，制作一把椅子，一个脸盆架，甚至一个竹筏。

## 三、制作捕食工具

记得在2008年四川汶川大地震，由于地震引发山体滑坡，道路堵塞，使救援物资不能第一时间运往灾区，食物药品的短缺对于灾后救援是致命的。万一遇到食物短缺的情况，我们应该怎么办？在现代社会，我们的原始生活经验越来越缺失，下面我们就要把前人总结的经验教给大家。

当我们在太平湖的孤岛上，四周烟波浩渺，除了海里的鱼以外，我们几乎看不到可以食用的食物，当然如果你想徒手抓鱼基本不可能。接下来就教大家用什么工具捕鱼。

### 钓鱼竿

找一段树枝做鱼竿和一根与之长度大致相等的鱼线，1.5~2

米长。鱼竿用竹枝等不太重的材质，在细的那头绑上渔线和鱼钩。在鱼线末端 20~30 厘米处拴上一些很轻的彩色羽毛作为浮子，用活蚯蚓做鱼饵。在水浅的时候可以直接用手抓鱼。如果水比较深，在线的末端可以系上一个金属制的弯钩，如果没有可以用木头或骨头制作鱼钩，就可以制成钓鱼竿了。

## 渔网

在野外通常只能就地取材，我们找一根 Y 字形的树枝，还有就是我们身上的 T 恤。用锋利的石头在 T 恤上扎出一些洞，可以当做网。然后像给 Y 字形树枝穿衣服一样，把 T 恤套在树枝上，然后用麻绳在三个点上固定。这样就可以下水捕鱼了。

当然也可以用两根树枝十字交叉，然后在棍子的末端，分别绑上衣服的四个点。这样一个十字渔网也做成了。

## 鱼篓

当你身处野外时，物资很有限，要善于利用周围废弃物。在荒郊野外，这些“垃圾”很可能成为你求生的宝藏。比如岸边两个废弃的可乐瓶，当你身处绝境，发现这样的瓶子，其价值远远超过黄金。

首先用刀具或者锋利的石头将其中一个瓶子从靠近头部地方切开，另一个瓶子从靠近尾部的地方切开。将切下的头部塞到去除尾部的瓶子里。然后你需要使用锥子类的工具在结合处打孔。绳子穿入孔内绑好，留出一段绳子，这样你可以将这个鱼笼拴在岸边。一个简单的小鱼笼就制成了，在瓶底放一些鱼饵效果将更好。注意将其放在较为狭窄的水道，不要浮在水面上，用石头压住，放在水平面下，鱼游进去后就会困在其中无法出来，多做几个放在水中。

## 四、制作狩猎工具

小的时候是和各种小动物一起度过的，我们的童年没有手机、电脑，有的是淮河边的水草、比人还高的包谷笼笼和各种起伏的土丘，各种充满生命力的小东西都隐藏其中。我们的童年是无限的野趣和难以忘怀的快乐，我们抓过麻雀、挖过蚯蚓、养过蚕、炸过蚂蚱、追过蜻蜓和萤火虫。

今天我们一起来做童年最常见的狩猎工具。

### 弹弓

现在的孩子们已经很难看见弹弓了，大多是从手机游戏《愤怒的小鸟》里才知道有弹弓这么个东西。弹弓是一种冷兵器或者游戏工具，在石器时代人们就知道用它狩猎了。弹弓一般用树木的枝椏制作，呈“丫”字形，上面两头系上皮筋，皮筋中段系上包裹弹丸的皮块。

制作弹弓我们需要找一个结实的 Y 字形树杈，手柄可以稍微留长一点，其他两端可以截成 20 厘米长。为了使皮筋不会在拉力大的时候滑落，可以在两个枝杈顶端刻出两个凹槽。

找一段不用的橡皮筋或者废旧的自行车内胆，割成长度相等的两段，用麻绳把两端固定在凹槽处。有个小技巧，在枝杈上缠塑料薄膜可以增大摩擦力，防止跑偏。

使用弹弓做不到很精准，准度绝不可能和枪相比，反复实验可以凭感觉越来越精准。力度不能只靠皮筋，这是因为有限度的、过大的拉力会减慢皮筋收缩速度，反而打不出更大的力度。要利用前手臂、手腕的弯曲蓄能，才能最大限度地打出力度。

## 弓箭

弓箭是中国古代以弓发射的具有锋刃的一种远射兵器。在冷兵器时代，弓箭是最可怕的致命武器。弓箭出现上溯到遥远的神话时代，后羿射九曜的传说足以证明中国古代对于弓箭的崇拜。

我们先做弓柄，找一根树枝或者竹子劈开，要有韧性。然后根据树枝本来的弧度，来确定弓的开口。中间是弓的受力点，应该最厚，两端削尖。离两端一定距离刻出凹槽，用来捆绑弓弦。然后可以用蜜蜡和松香增加弓弦的强度。

弓箭因为比较锋利，一定要注意安全。找一根比较细且笔直的树枝，去掉树皮，在粗糙的地面磨尖。然后将箭尾劈开一道裂缝，把野鸡的羽毛插进去，可以使箭飞行保持平衡。

射箭时一只手握住弓柄，一只手用箭尾顶住弦，水平向后拉伸，瞄准目标，迅速松开弦，箭就能射出去了。这需要我们反复实验，熟悉每一个弓箭的特性。

## 捕捉

记得鲁迅先生的《从百草园到三味书屋》，回忆了自己从童年在百草园中游戏、玩乐到在三味书屋读书的成长过程。我印象最深的是其中有一部分描写冬季在百草园中捕鸟的情形，过年时和小伙伴们在院子里如法炮制，可惜一下午也没有一只小动物对我们簸箕下面的诱饵感兴趣。

在野外生存的环境下，我们不可能花很多体力去追捕动物，很多时候需要守株待兔，利用身边的道具制造陷阱和套索去捕捉小动物。我们了解了触发器、全套、牵引力，就基本掌握了陷阱的核心要素。

## 弹跳套索

寻找小动物经常出没的小路，用弹性树枝绷紧绳套，可以把猎物弹离地面并吊起，动物进入圈套，想挣脱很困难，同时减少了其他肉食性动物偷食的可能。猎物被绳套套住后会扳动机关，幼树弹起，将猎物吊离地面。

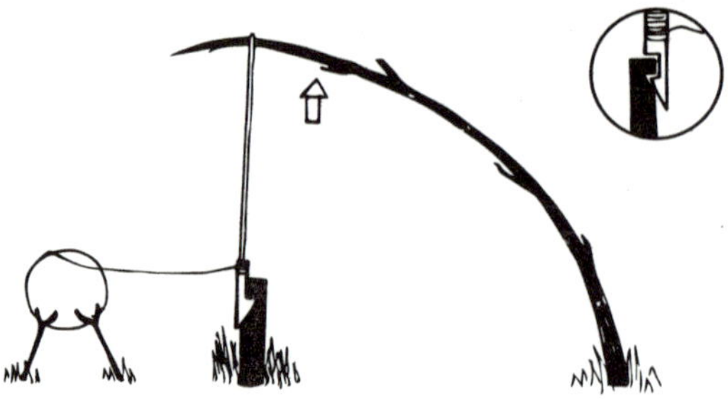

## 落石陷阱

水平诱饵棒通过凹形切口平衡在竖直固定棒上，锁棒尖端斜撑在诱饵棒斜槽上，中部支撑在竖直棒顶端，上部撑起重物，位于诱饵上方。注意各交叉部位切口的削法，锁棒下端削尖，以便迅速释放。

## 坑式陷阱

在地上挖一个坑，看上去有点像套鳝鱼的钩套，很多小动物都爱刨坑打洞，这类坑会吸引它们的注意力。当动物伸长脖子嗅闻时，过了尖桩口就无法再缩回去了。如果用爪子，也会落入圈套之中。

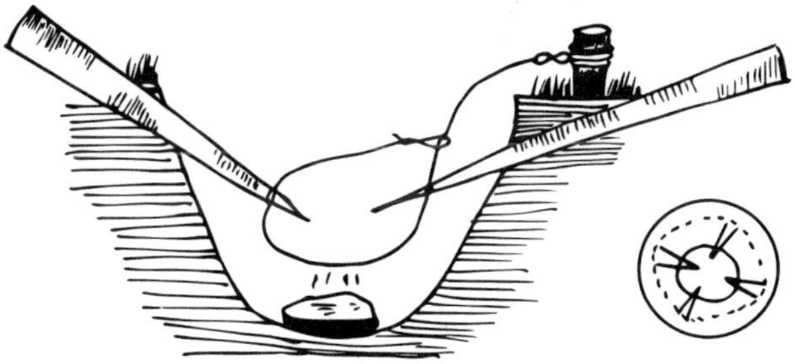

地球是在距今约46亿年之前形成的，而我们今天的生命形态是大约36亿年前在海洋中诞生的。约6500万年前，一颗宽度约16公里的大型陨石撞击了今天墨西哥的尤卡坦半岛上，造成地球上包括恐龙在内的2/3的动物物种消亡灭绝，爬行动物的黄金时代结束，原始哺乳类动物逃过劫难经过漫长岁月存活下来，发展形成了现在的人类。约20万到200万年前，最早在非洲出现的直立人，也就是所谓的晚期猿人懂得了用火，开始使用符号与基本的语言，直立人能使用更精致的工具。

## 一、人工取火

最早的原始人类并不知道怎么用火，但是他们发现雷电和火山爆发之后，森林大火之后烤熟的野兽的肉很好吃，而且很暖和。人类最初使用的都是自然火，后来慢慢学着把火保存起来。人类学会钻木取火、燧石打火，原始人掌握了一种强大的自然力，促进了人类的体制和社会的发展，而最终把人与动物分开。

火是我们的朋友，也可以是我们的敌人。人工取火的发明，使人类随时都可以吃到熟食，减少疾病，促进大脑的发育和体质的进化，使人类最终摆脱了“茹毛饮血”的时代。火是人类野外生存的重要手段之一。用火可以驱赶野兽，有了火我们能烧制器具制陶、冶炼等。

## 二、用火常识

小的时候，爸爸跟我讲水火无情，有多少人都是因为这两个被夺去了生命。尤其是在干燥的秋冬季节，频发的火灾给我们敲响了警钟。所以在学习生火前，我们先了解怎么维护火的安全，并且把危险降到最低。

灭火：在户外的小型火堆，可以用水浇灭，直到手可以触摸灰烬为止才能离开。

隐患：离开的时候带走生活垃圾和灰烬，消除野外用火带来的短期隐患。

区域：很多郊野公园都有指定的生火区域，经过管理人员的许可才可以生火。很多区域都有野外火灾和森林防火的指示标志。

照看：燃烧的火堆必须有人照看，如果无人照看是非常危险的，火堆必须可以控制，火太大难以控制，而且会影响到生态平衡。

## 三、生火方法

生火离不开对火的了解，有一种说法是火三角，即燃烧的三要素，同时具备氧气、可燃物、点火源（亦称温度达到着火点），是燃烧和火灾发生的必要条件。

可燃物：凡是能与空气中的氧或其他氧化剂起燃烧化学反应的物质称为可燃物。在野外可燃物是非常重要的，包括树枝、枯草、干树叶、纸、棉花、松针等。

热量：我们通常说的热量是人体每时每刻都在消耗的能量，这些能量是由食物中的产热营养素提供的。食物中能产生热量的营养素有蛋白质、脂肪、糖类和碳水化合物，它们经过氧化产生热量供身体维持生命、生长发育和运动。热能供给过多时，多余的热量就会变成脂肪贮存起来。而热量可以使固体可燃物转换成气体，当气体和氧气结合，从而产生了火。

氧气：氧在自然界中分布最广，占地壳质量的48.6%，是丰度最高的元素。废水的处理、火箭推进剂以及航空、航天和潜水中供动物及人进行呼吸等方面均需要用氧。动物呼吸、燃烧和一切氧化过程都消耗氧气。空气中的氧能通过植物的光合作用不断地得到补充，没有氧气也就没法生火。

## 制作火绒

火绒多为艾蒿、棉花等物制作，燃烧至半透熄火，趁干燥微温时装入器具保存。吸烟时，在烟锅里盛装烟丝后，再取一撮火绒敷盖其上，火星落到干燥的火绒上，就很容易将烟丝点燃。为保持火绒干燥易燃，人们往往把火绒存放在防潮的容器中密封保存，当时多用硬木制成小罐做容器，名曰“火绒罐”。你可以把牛仔裤和T恤剪成块，放入金属盒里面并盖上盖子。在盖子上挖几个小洞，加热的时候金属盒里的气体和烟能够从小洞里出去。点一堆小火，把金属盒放在上面烧，然后你就能看到烟从小洞里冒出来（大概会持续10分钟）。这些烟可以保证棉布不被完全燃烧，因为氧气无法进入金属盒里面。接下来的10分钟你要继续守候着，当看到小洞没有烟继续冒出，这时候立即把金属盒从火源上移走。让金属盒自然冷却，碳布便搞定，加一些麻绳之类的混合就成为非常好的火绒。

## 火柴

火柴和足球一样，有两段发明的历史。最早记载的火柴是由我国在公元577年发明的，南北朝时期，战事四起，北齐腹背受敌，物资短缺，尤其是缺少火种，烧饭都成问题，一班宫女神奇地发明了火柴。不过我国古代的火柴是一种引火的材料。后来欧洲人在马可波罗时期传入欧洲的火柴的基础上，发明了被我们称为“洋火”的现代火柴。发明这种火柴的人是英国的沃克，他在1826年利用树胶和水制成了膏状的硫化锑和氯化钾，从此火柴成为点火的最便利的工具。把它们扎成一捆放在纸盒容器内，防止它们相互摩擦，也防止火柴自身变潮。

注意：火柴受潮也是有办法补救的，如果头发干燥并且不油腻，可将潮湿的火柴放在头发里摩擦一番，头发产生的静电会使它干燥。

## 使用放大镜

我们小时候都做过类似的科学实验，强烈的阳光通过凸透镜聚焦后，可产生足够的热量点燃火种，可以将很厚的纸灼热并点着。如果特别着急，可以照射汽油和酒精，可在1~2秒内点燃火种。

放大镜或望远镜以及照相机里的凸镜，都可以代替凸透镜为你服务。另外，在手电筒反光罩的焦点上放火种，向着太阳也能取火。

我们有一期节目录制，是在寒冷的北方冰雪中，我们将冰块加工成中间厚、周边薄的形状代替凸透镜，也可以成功地取火。

同样的原理，我们可以用矿泉水瓶装满水，用接近瓶口的圆弧部分代替凸镜聚集阳光，找好焦点，很容易点着火绒。

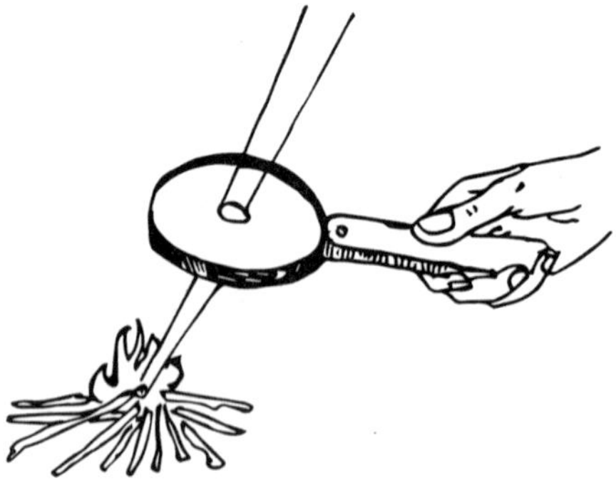

## 击石取火

我们的祖先常用火石生火。在户外可以找一块坚硬的石头做“火石”，用小刀的背或小片钢铁向下敲击“火石”，使火花落到大火种上。一条边缘带齿的钢锯可比普通小刀产生更多的火星。当火种开始冒烟时，缓缓地吹或扇，使其燃起明火。当然并不是任何一块石头都能点燃火种，石头击出的火花必须有一定的热量和持续时间才能点燃火种。

当然我们在野外的时候，这种方法成功的可能性不大，因为火星实在难以捕捉。现在很多户外生存的人会带一些镁棒，镁棒容易被引燃，也易于携带。

## 电池生火

电池和细导线的组合是绝佳的起火装置。用细导线连接电池的正负极后，导线便会发热发红，产生高温点燃火绒。细导线还可以用口香糖的包装锡纸充当，先把纸剪成两头大中间窄的形状，将锡纸金属面连接正负两极，很快就能看见火了。

在一些驾车旅行中，可取两根长导线，连在电瓶的正负两极接线柱上。如果没有电线，可以用两个扳手或其他金属工具代替。如导线不够长，可将电池从车中取出。将两根导线末端慢慢接触，短路会产生火花。这时，一块沾了汽油的布是最好的火种。

## 钻木取火

钻木取火是最难也是最原始的利用自然材料取火的方式。找到合适的木材做钻板，干燥的白杨、柳树等会是不错的选择，因为它们的质地较软。再找到合适的树枝做钻头，相对较硬一些就可以，条件不像钻板一般苛刻。

把钻板边缘钻出倒“V”形的小槽。在钻板下放入易燃的火绒或者枯树叶，然后双手用力钻动，直到钻出火来为止。

## 弓弦式点火

这种方法是钻木取火的延续。用一块坚硬的纺锤状木头在一块软木底座上摩擦钻孔，均需要干燥，而后摩擦处会变热。在靠近软木底座末端处挖一小洞，在下面凿一窝坑，里面放上火种。用强韧的树枝或竹片绑上鞋带、绳子或皮带，做成一个弓子。在弓上缠一根干燥的木棍，用它在一小块硬木上迅速地旋转，这样会钻出黑色粉末。最后，这些粉末会冒烟而生出火花，点燃火种。

做一个规则的纺锤，在一根弯曲的树枝上面绑上细绳或皮靴带子。将弓弦在纺锤上缠一圈，将纺锤木插入底座小孔中，将稳固的一端握牢，向下轻轻用力，另一只手来回拉动木弓，这样纺锤木就会旋转运动。

像烟头一样亮热的纺锤木顶端会钻出火种。轻轻向上吹气，火舌会迅速腾起。必须保持纺锤垂直，不晃动。曲起一条腿将木板底座踩住，将握纺锤棒的手抵在这条腿上，注意手拉弓要均匀有节奏。

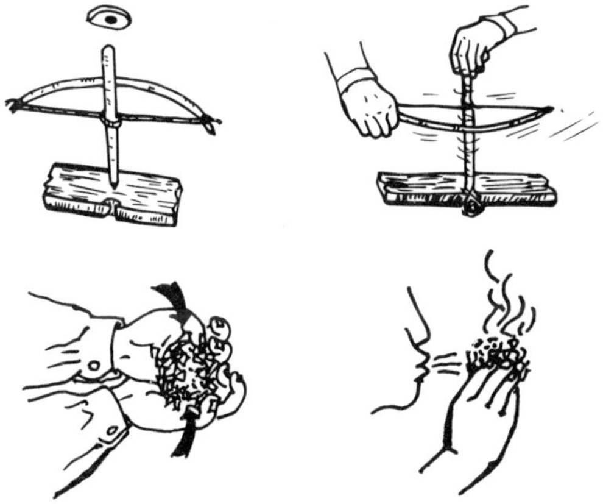

## 生火地点选择

要找一个避风效果好的地方生火，远离你的避身所，整理生火地点的地面，清理干净可引燃的东西。如果风比较大，可以在地上挖一个浅坑。还可以使用岩石或圆木等材料搭建一堵火墙，这面墙的作用在于能够辐射或反射部分热量，还能减小风力，阻挡飞溅的火星。

## 布置锥形火堆

又叫印第安帐篷型火堆。要将四根树枝用绳子绑成锥形，中间加入粗树枝和干燥的落叶和火绒堆成锥形，然后在锥形的中部将其点燃。烧完中心部分的树枝后，外围的树枝会朝内部倾倒，从而达到向火堆自动添加薪材的目的。即使将潮湿的木材放入这类火堆中，也能很好地燃烧。

锥形

## 单坡形

布置单坡形火堆时，在地面斜着插入一根没有完全干枯的树枝，使其以30°角与地面相交，并让迎风面冲着树枝的一端。在倾斜的树枝下方添加一些火绒，尽可能将火绒塞进靠里面的位置。再放一些用于引火的树枝在倾斜树枝的两旁，将火种点燃。点燃引火用的树枝后，继续添加树枝。

单坡形

## 交叉沟渠形

又被称为十字形火堆。挖两道深约10厘米、宽约30厘米的交叉形沟渠。将足够多的火绒放置在沟渠交叉的中心，并在上方以金字塔形堆一些引火物，使空气足以在较浅的沟渠中通过火的下方。这样能形成促进火堆持续燃烧的穿堂风。

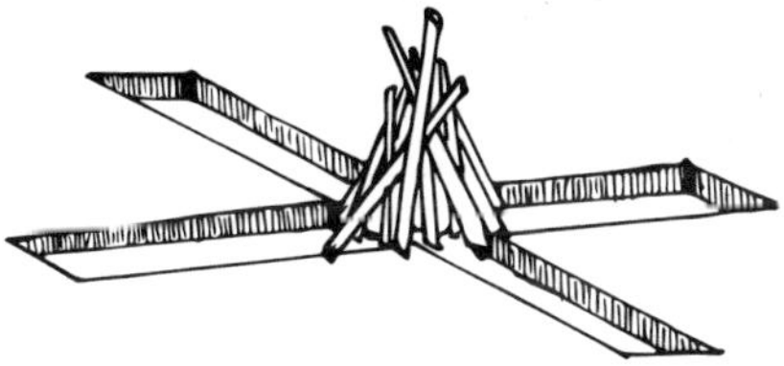

交叉沟渠

## 金字塔形

又叫交错式火堆。在地上平行放置两根树枝或木头，再放一层木头或树枝在上面，一定要将这两层树枝搭建结实，之后再往上方添加三到四层树枝或木头。因为叫金字塔形火堆，下方的每一层都要比上一层大。你可以在塔尖上生火，火燃烧起来后，下方的木头会被自动点燃。

金字塔形

对于人类来说，水是仅次于氧气的重要物质。在成人体内，70%的质量是水。儿童体内水的比重更大，可达近 80%。如果一个人不吃饭，仅依靠自己体内贮存的营养物质或消耗自体组织，可以活上一个月。但是如果不喝水，连一周时间也很难度过。体内失水 10%会威胁健康，如失水 20%，就有生命危险，可见水对生命的重要意义。

正常人每天从饮食和饮水中摄取水分，成年人大约为2 500毫升/日，摄入水量的多少一般应与人体每日排出水量平衡。例如成人每日尿量平均约1 500毫升，皮肤和呼吸道排出约 800 毫升，粪便排出 100~200 毫升，总计约2 500毫升。因此正常人每天除吃饭以外，还需要喝1 500毫升左右的水，大约 6~8 杯水才能满足人体新陈代谢的需要。既然水对人类这么重要，那么人们每天所摄取水的质量就是至关重要的问题，它直接关系到人的健康。

英国一项最新研究显示，青少年的大脑在缺水状态下会出现萎缩现象。研究人员让两组青少年进行 90 分钟骑车运动，第一组身穿3层衣物，第二组则穿短衣短裤。运动结束后，第一组体内约有0.9千克水分以汗液形式排出。随后，让这些大汗淋漓的青少年玩电脑游戏，测试他们制订计划与解决问题的能力，并通过核磁共振扫描他们的脑部。扫描结果显示，失水的青少年的脑部出现了萎缩情况，其大脑与普通人相比，相当于“老化”了14个月！

人体有一种微妙的“水平衡机制”，当饮水量不能满足身体需求时，一部分细胞会脱水，让水分进入身体急需的血液循环系统。大脑消耗的能量极大，为满足其供氧，身体中大约20%的血液会流向大脑。机体缺水时，为了维持血液循环，脑细胞可能会脱水，导致大脑萎缩。

研究人员说，虽然缺水会导致大脑萎缩，但只要喝上一两杯水，大脑就可以迅速恢复正常。但若长期或严重缺水，则有可能损伤认知能力，因此我们要注意及时补水。

专业的足球运动员，在比赛前最重要的一项任务就是饮水，在赛前最后一餐到比赛开始的间隙中，每20~25分钟饮水250毫升，并加2%的葡萄糖。如打算在赛前补充糖分和维生素C以提高运动表现，而等到比赛时大量消耗水分，感到口渴再补水就迟了。

在户外也是，如果你感到口渴时再喝水就晚了。而且要注意，不能用汽水、可乐、一些功能饮料来补充水分，这些饮料含有大量的糖分，你有这样的经验，越喝越渴。我们在户外要坚持喝洁净的水。

## 一、自然界的水源

1. 地表水。如江河、湖泊、溪流等。

2. 地下水。如井水、泉水、地下蓄水池等。

3. 生物水。一些植物含有充分的水分，如北方的黑桦、白桦的树汁，山葡萄的嫩条，酸浆子的根茎，南方的芭蕉茎、扁担藤、竹子、仙人掌，等等。

4. 天上水。如雨水、雪水、露水及融化的冰块等。

## 二、如何获取干净的水源

尽管我们身边随处都可以看见水，但并不是所有的水都可以饮用。一般我们看到的溪水、河水、池塘不确认是否被污染过，最多用来洗洗手，冲冲布满泥污的鞋子。大山深处的清泉水、新鲜的雨水、干净融化的雪水才比较适合饮用。有一个黄金法则：流速越快、越是冰凉和清澈的水，就越适合饮用。

我们荒野生存的节目走过各种环境，有雪山，有海洋，有荒漠，有孤岛，积累了大量收集水的经验。即使在极为干旱的沙漠，也是可以获取水的。如果在沙漠你看见仙人掌一类的绿色植物，那就一定有水的存在。

## 收集雨水

我们将塑料布拉高，斜着挂起来，然后放几块小石头，石头的重力会让水集中向一个地方流去。在地面放一个水桶，用石头加高，防止泥浆溅到水桶里。

如果是沙地，将塑料布拉高，雨水才不会因沾染泥土而脏污。

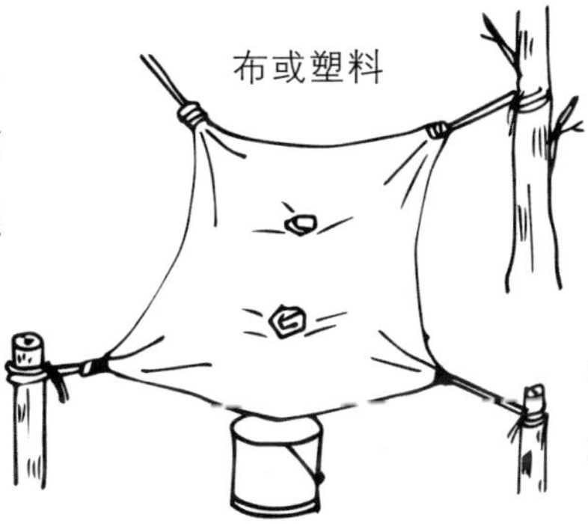


用石头压住，布才不会被大风吹走。

## 地下蒸馏器

这是基于凝结的原理，是一种有效地从地面提取水的方法。在地上挖一个直径100厘米、深60厘米的坑，将干净的水杯放在底部。上面铺上一张塑料布，四周用小石头压住，然后在中央放一块石头，正好位于杯子的上方，水分会凝结在塑料布的底端。水蒸气会不停地由地底散发出来，这个装置可以将地底的水蒸气转换成水滴。

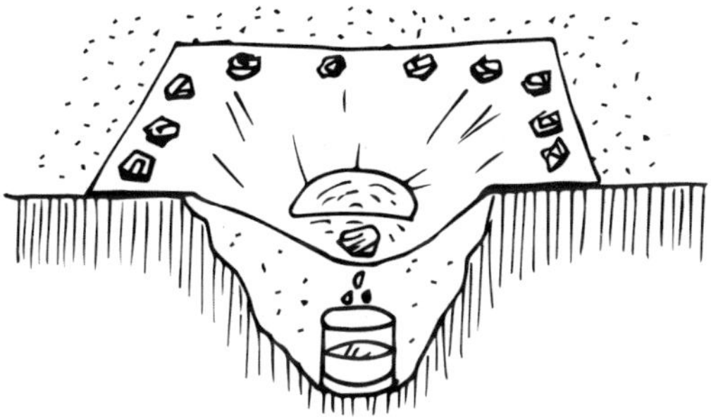

切面图

## 树枝取水

植物都含有水分，你需要选择无毒的绿色植物，将一个透明塑料袋的3/4装上叶子，扎紧袋口，然后放在阳光下晒。叶子会散发出水蒸气，水蒸气遇到塑料袋会凝结成水，这样你就能收集到所需要的水分了。但这种方法能够收集到的水是比较有限的，所以需要多准备几个类似的蒸馏器。

### 三、一定要饮用清洁的水

水对于人类的生存至关重要。在地震、洪灾、龙卷风等自然灾害过后或者荒野求生时，清洁的水显得至为珍贵。大量不洁净的水中经常会带有一些致病的物质，如痢疾、伤寒、血吸虫、肝蛭、霍乱等，以及腐烂的植物茎叶，昆虫、飞禽、动物的尸体及粪便，有的还可能会带有重金属盐或有毒矿物质等，往往解渴不成反而造成二次伤害。所以当找到水源后，最好不要急于饮用，应该利用环境条件，对水源进行必要的净化消毒处理，以避免因饮水而中毒或染上疾病。

当地震之后，很多救援物资包括清洁的水都难以运到灾区。在等待救援的同时，一定先要开展积极的自救，特别是寻找食物和水。因为交通和恶劣天气很可能给救援工作的推进造成很大的困难，所以掌握水的净化尤为重要。

## 过滤器

雨水、泉水、井水、山间流动的溪水很多都可以直接饮用。当水源泥沙混浊，有异物漂浮且有微生物、蠕虫、水蛭幼虫等，需要净化处理后方可饮用。净化是消除水中的有机物，进行消毒，并去掉异味。在遇险求生条件下，可采用以下简易办法净化饮用水。

找一个容器，如帆布袋、聚乙烯塑料袋、大铁罐、一端打结的衣袖，或者棉制单手套、毛巾、袜子、裤腿等，都可以充当容器。也可用一个可乐瓶，去掉瓶底后倒置，再用小刀把瓶盖扎出几个小孔。

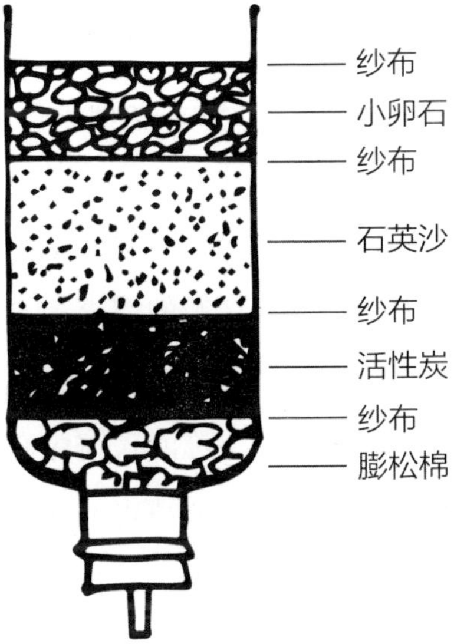


在容器底部铺一层细砾石，然后铺一层沙子，一层木炭粉，如此重复铺多次，层数越多越好，每层约 2.5 厘米厚。如无沙

子，就用细砾石代替，压紧按实。

在容器底部钻一些小孔，把水倒进容器，即可用盆或水壶将过滤后的干净水收集起来。如果对过滤后的水质不满意，可再制作一个简易过滤器，将过滤后的水再次进行过滤，直到满意。

## 水的消毒杀菌

一般来说，除泉水和井水（地下深水井）可直接饮用外，不管是河水、湖水、溪水、雪水、雨水、露水等，还是通过渗透、过滤、沉淀而得到的水，最好都进行消毒处理后再饮用。那么，怎样进行消毒呢?

1. 煮沸消毒。把水煮开是最经济的一种处理方式。在海拔不太高（海拔2 500米以下）且有火种的情况下，让水沸腾 5 分钟以上，这样几乎能杀死全部的病菌和寄生虫卵。在海平面，至少煮沸 1 分钟；在海拔较高地区时间要延长，海拔每增高1 000米，煮沸时间可增加 3~4 分钟。在水中加一点炭，同时煮沸水去掉异色。搅动水使其通风变凉并恢复其味，或加上一小撮盐。多采用这种方法对河水、湖水、溪水、雨水、露水、雪水等进行消毒，以满足饮水和做饭的需求。

2. 净水药片：将药片放入储水容器中，搅拌摇晃，静置几分钟，即可饮用，可灌入壶中存储备用。一般情况下，一片净水药片可对 1 升水进行消毒，如果水质较混浊可用 2 片。净化水药片是最易使用的，目前，在野战军队都采用此法对水进行消毒。

3. 碘酒：在已净化过的水中，每一升水滴入 3~4 滴碘酒，如果水质混浊，碘酒要加倍。搅拌摇晃后，静置的时间也应长一些，20~30分钟后，即可饮用或备用。

4. 家用漂白剂（5.25%亚氯酸盐钠）：在已净化的水中，每升水滴入漂白剂三四滴，水质混浊则加倍，摇晃匀后，静置30分钟，即可饮用或备用。不过水会有些漂白剂的味儿，注意不要把沉淀的浊物一同喝下去。

5. 食用醋：在净化过的水中倒入一些醋汁，搅匀后，静置30分钟后便可饮用。只是水会有些醋的酸味。

6. 如果寻找到的是咸水，用地椒草与水同煮，这样虽不能去掉原来的苦咸，但能防止发生腹痛、腹胀、腹泻。如果水中有重金属盐或有毒矿物质，应用浓茶与水同煮，最后出现的沉淀物不要喝。

7. 紫外线消毒杀菌（被动）：用塑料瓶或玻璃瓶装满经过过滤的水，盖好盖子，放在阳光直射的地方，阳光能杀死引起常见的水源性疾病的细菌。

8. 紫外线净水器：在一个小型的紫外线净水器内，加入过滤好的水，然后开动一会就可以了。有些紫外线净水器在48秒内可以净化1升的水。

## 四、能量物质

在野外我们通过每天的饮食可以补充80%以上的能量，包括全部的纤维素、绝大部分蛋白质和超过50%的维生素。合理安排好膳食，可以满足我们对于大部分营养的需要。

在户外提供的膳食有什么原则呢？一般来说，膳食特点和运动项目相一致。户外运动是长时间、间歇性、高强度运动，对于身体素质要求全面，因此，应该提供能量充足、优势蛋白含量高、富含电解质和维生素的食物。

我们即使不做任何事，要保证人体的基础代谢，平均每人每小时需要 70 卡路里的热量。卡路里是热量单位，1 卡路里是指 1 升水温度升高 1 度所需要的热量。

基本物质的热量值：

碳水化合物 1 克 4 卡路里；

脂肪 1 克 9 卡路里；

蛋白质 1 克 4 卡路里。

## 充足的碳水化合物

膳食中缺乏碳水化合物，将导致全身无力、疲乏、血糖含量降低，产生头晕、心悸、脑功能障碍等，严重者会导致低血糖昏迷。运动中主要靠分解体内的糖来提供需要的能量，因此对于碳水化合物的补充是第一位的。做到这一点就要提高主食摄取量，包括米饭、面包、馒头、面条等。燕麦能降低胆固醇，富含重要的矿物质和维生素，还能长时间提供持续的能量。

## 提高膳食中蛋白质质量

目前我们膳食中的蛋白质含量已经超过实际需要量，因此对于膳食中蛋白质的要求在于提高蛋白质的质量，而不是提高蛋白质的数量。评价蛋白质质量的标准，就是看摄入的蛋白质与人体蛋白质的氨基酸种类和数量的接近程度。目前，乳清蛋白是和人体最为接近的膳食蛋白来源，乳清蛋白在蛋清中含量较高。另外，海鲜和鱼类的蛋白质质量高于家畜的肉质，家禽的蛋白质质量也较高。

## 适量的脂肪

脂类是油、脂肪、类脂的总称。食物中的油脂主要是油和脂肪，一般把常温下是液体的称为油，而把常温下是固体的称为脂肪。脂肪能提供能量，提供脂溶性维生素，也是构成人体结构的成分。但是孩子的脂肪摄入量超过了需要量，因此主要是对膳食中的脂肪（也包括食用油）含量进行控制。脂肪是细胞内良好的储能物质，主要提供热能；保护内脏，维持体温；协助脂溶性维生素的吸收；参与机体各方面的代谢活动，等等。有害的脂肪通常在常温下会凝结成白色固体状，有益的脂肪会保持液态。

## 丰富的电解质和维生素

可溶性盐的溶液有导电性，因为溶液中有可自由游动的离子，故可作为电解质。在运动的过程中，身体会大量排汗，会使身体的电解质流失，这个时候如果只是单纯地补充水分是不够的，而且大量地喝水还会使血液中的电解质稀释，这对于身体健康也是不利的。所以，经常运动的人要多注意了，不要忘了给身体多补盐。可以在喝的水里补充盐，也可以吃一些带盐的坚果。但是盐不能过量，否则容易加重血液的黏稠度，增加高血压和心脏病发生的风险。

维生素是人和动物为维持正常的生理功能，而必须从食物中获得的一类微量有机物质，在人体生长、代谢、发育过程中发挥着重要的作用。维生素既不参与构成人体细胞，也不为人体提供能量。维生素与碳水化合物、脂肪和蛋白质3大物质不同，在天然食物中仅占极少比例，但又为人体所必需。

维生素是人和动物生长所必需的少量有机化合物，对机体的新陈代谢、生长、发育、健康有极为重要的作用。如果长期缺乏某种维生素，会引起生理机能障碍，从而产生某种疾病。

因为户外活动时间较长，对于电解质和维生素需求量都较大，因此膳食中应该提高电解质和维生素的含量。主要是提高蔬菜和水果的进食量，同时注意烹饪方法，有条件的可以生吃。

野外烹饪野餐是野外生活中的乐趣之一。在大自然中，一起煮好饭菜共同享用，即使粗菜淡饭也是美味佳肴。在部队野外行军，能吃上一口热饭热菜是非常奢侈的事情，因为在行军的过程中，带上烹饪的器具、食物的原材料是不易的。而在战争中，生火做饭又会暴露行踪，增加危险。

在户外露营，我们要是能一起做一餐可口的饭菜，不仅可以补充身体所需的各种营养，而且还可以提高团队的凝聚力。在野外烹饪要把握几个要点：一是要有营养。随运动量的增加，必然消耗相当多的热量，故营养方面要考虑补充含碳水化合物丰富的食物和肉类。二是要新鲜可口，刺激食欲。大家吃、大家做、大家乐。

## 一、野外烹饪方法

之前我们已经学习了怎么利用地理条件搭建临时灶，如果无法搭灶，必须携带小炉子。水是不可缺少的，找到水源后，可用桶子、帆布或塑胶袋装。人数太多时，盛菜用的碟盘可以用纸盘、纸碗等代替，能减轻重量，不过也制造了大堆的垃圾。最好的方法是自备餐具，自己携带自己的那份。市面上有便于野外生活的整套装配炊事用具。锅盖可兼作盛菜的碟盘，锅具都是用薄铝制成，兼有多种功能，质轻、携带方便且不占空间。不过不勉强购买整套，应多利用现有的炊事用具，勤俭节约是传统美德。

## 烤食

“烤”是我们人类祖先最早掌握的一种熟食方法。烧烤可利用柴、炭、煤或其他能源的热辐射，直接将食物烤熟。烧烤的方法不仅适用于肉、禽、鱼等动物性原料，还适用于植物性原料及米、面等原料。把野兽、小鱼、鸟、植物根茎小块等，穿在湿木棍或小树枝上，直接放在篝火上烤。烤肉就是烧烤脂肪，将肉块串在一根枝杈上，这是最简便的方法。然后，放在未烧尽的余火上翻转，或者放在一堆烈火附近，其热量足以烧烤食物，不断地翻转肉块，让油脂持续在食物的表面上滑动。烧烤后的食物的味道相当可口，但是有两个缺陷：

如果不在炙叉下放上一个滴盘的话，大量有价值的脂肪就会丧失。有了滴盘，就可以将盘中的油脂均匀地涂在烤肉上。用烈火烧烤会使食物的外层熟透，但它的里层仍未烧透，有害菌仍然存活。相比之下，慢火烧烤的效果会比较好。而且在外层的肉割掉后，如果你继续烧烤，内层的鲜肉也能得到烤炙。

除了明火烤食之外，还可以用炭火烤食。鱼、鸟、淡水贝壳和其他许多食物，可以直接在炭火上烤。在烤之前，可先裹上一层黏土或包上一层树叶，这样不会烧坏食物。采用此方法既不用拔毛，不必去内脏，也不用刮鱼类的鳞，待食物完全熟透后，只要剥去包在外面的泥巴，毛、鳞即可随泥巴脱去。

## 炙烤

如果是烹制大量的食物，这是一种快捷的途径，但要有东西支撑住食物，例如一张金属网，将金属网安放在将要烧完的火堆上。这种方式应该在食物丰富的情况下使用，因为这样做会浪费绝大部分的脂肪。火堆边的滚烫的岩石也能用作炙烤层。你也可以用木棍将食物串起来，悬挂于火苗的上方。

如果找不到金属线网，可以用嫩青的枝条做成一个格子网，或者把一根长木棍放在带叉的支撑物上，以便在火的上方悬挂食物。可以在烧烤肉类和蔬菜时，利用木棍作支架，将食物缠在木棍上，把它横放在燃着的余火上，两侧再各支一根带叉的木棍。

## 热石蒸食

这种方法又叫汉吉，有点像我们平时蒸桑拿的意思。在南太平洋上的一些土著人或传统的毛利人中，这种方式相当流行。这是古老的“蛤蚌烘蒸法”，效果不错。方法是把带贝壳的食物直接放在烧热的石块上或石块中间烤（某些肉料要用树叶或草包起来），再在上面盖一层沙子或泥土。等食物熟透后，一扒开泥土，蛤蚌、牡蛎等便张开了嘴，即可食用。

## 土坑烤食

又称为埋火烘烤，先在泥地上挖一个 30~40 厘米深的坑，将肉块、鸟蛋、块根及贝类食物放在坑底，在坑内放上绿色植物的叶子、青草，或能保持食物清洁的布。最好是准备锡纸，将食物包起来，以免弄脏食物。然后在小坑上盖一层 2 厘米厚的沙子或泥土，把火堆设在上面。这种方法需要花一两个小时，但肉质会变得非常酥软。

## 煮食

“煮食”在野外是最常见的烹饪方法，煮的食物避免了烧烤类的油腻与长时间烤炙产生的致癌物，是一种健康的饮食方式。具体操作方法：将食物加工后，放置在锅中，加入调料，注入适量的清水或汤汁，用武火煮沸后，再用文火煮至熟。适用于体小、质软类的原料。所制食品口味清鲜、美味，煮的时间比炖的时间短。

你需要一个容器，比如用泥土做一个土制瓦罐煮食物，内部衬一层箔，然后往里放干净水和要煮的食物。煮开水、炖食物，罐头盒和金属箱也都是十分理想的选择。做一个手柄，可以帮助将容器提起来，或者用锅钳钳紧，让容器靠近或者离开火苗。如果没有金属容器，也可以用一截粗长的竹子来盛水烧饭，甚至可以用桦树皮做器皿，当然，不能让火烧干它的水分。

你也可以用竹筒来做饭。将竹筒倾斜架在火苗上，用一根带叉的木棍插在地上，用来支撑竹筒。

尽管炖煮食物的方式会破坏食物中一些重要的营养成分，但也保留了天然汁液和所有的脂肪——假如你喝下所有的汁液，吃完所有的固态食物的话。坚韧多筋的根茎和肉质变老的猎物，经过炖煨后会变软，便于食用。这样做也能杀死蠕虫和肝吸虫，甚至使已经变质的肉可以再次食用。

## 二、辨别植物

对于野外生存，现代人相比于古人来说显然是退步了。我们每一个孩子都知道怎么在超市买东西，怎么用现代的方式付款，可是一到户外可能就傻眼了。古人有很多神话传说，神农尝百草、李时珍《本草纲目》等故事，他们知道自家的田地里、山野中，哪些叶子、花朵、根茎、果实是可以食用的，哪些是有毒的。

判断植物是否有毒的方法：

1. 闻一闻植物的气味，有水果香味的植物最好不要食用。我们也可以用舌头沾一沾汁液，看有没有麻和涩的感觉，如果没有，可以少量摄入。

2. 把植物捣烂，把植物的汁液涂抹在我们最敏感的手腕内侧，过一段时间看看有没有异常反应，会不会红肿瘙痒。

3. 用开水泡 5~6 小时或煮熟，再尝是否有异味。

4. 向煮后的汤里加入浓茶，若有大量沉淀，说明含有重金属，不能食用。

5. 煮后有大量泡沫的，说明含有皂甙类物质，不能食用。

6. 取嫩叶少许，品尝是否有苦涩、辛辣及其他怪味，若有，立即吐出，不能食用。

在无任何器具用来鉴别时，先吃一点点，8~12 小时后，如无头痛、恶心、头昏、腹泻、腹痛等，可大量食用。

还有一些规律可以用来判断植物的可食用性。一般白色或黄色浆果类植物均有毒性，有一半的红色浆果类植物可以食用，而蓝色或黑色浆果类植物几乎均可食用。有些植物的茎部只结有一颗果实，一般这类植物可以食用。将采集到的植物割开一个口子，放上一小撮盐，然后仔细观察这个口子是否改变原来的颜色。通常，变色的植物不能食用。

采集植物时，要选择绿色嫩枝、块茎球、状根、果实等，不要采集颜色鲜亮，如红色的植物。采集蘑菇时要尤其注意，尽量选择自己能够识别的种类，颜色鲜亮的不要采。

不要采集任何带有乳白色奶状汁液的植物，除非你能确认它无毒（如蒲公英）。最好不要采集茎叶上有微小倒钩的野草或其他植物。用放大镜观察时你会发现它们有鱼钩状倒刺，而不像细长的毛发，它们会刺激口部和消化道。

不要采集衰老或已枯萎的叶片。有些植物叶片在枯萎时会分解形成致命的氢氰酸——包括黑莓、覆盆子、樱桃、梅树和桃树等，但是它们的嫩叶、鲜果或干果都可以食用。

## 有毒野菜

野外进行旅行、探险等活动时，如粮食补给断绝，野菜就成为主要的应急食物。然而，常常有许多有毒的野菜混杂在可食野菜里面，给采食者带来了极大危险。下面，把其中一些毒性强且分布广的有毒野菜介绍给大家，供大家采食时鉴别。

狼毒草：又名叫断肠草。高 0.5~1 尺，根浅黄色，有甜味。叶片呈线形，花黄色或白色，也有紫红色。全棵有毒，根部的毒性最大。吃后呕吐、胃灼热、腹痛不止，严重的可造成死亡。

老公银：又名蛇床子、野胡萝卜。根在幼苗时为灰色，长大后呈浅黄色，像胡萝卜。叶柄黄色。老公银的臭味很大，不过幼苗无臭味，叶和根都有剧毒。吃后会造成死亡。①

苍耳子：又名耳棵。生长在田间、路旁和洼地。三四月份长出小苗，幼苗像黄豆芽，向阳的地方又像向日葵苗。成年后粗大，叶像心脏形，周围有锯齿，秋后结带硬刺的种子。全棵有毒，幼芽及种子的毒性最大，吃后可造成死亡。

曲菜娘子：冬季根不死，春天出芽，长出小苗。叶狭长较厚而硬，边有锯齿，大部分叶子贴着地面生长，秋后抽茎，高0.5~1尺多。籽很小，上有白毛。幼苗容易和曲菜苗相混，但曲菜叶较宽而软，锯齿也不明显。吃了曲菜娘子脸部会变肿。

毒芹：又名野芹菜、白头翁、毒人参。生长在潮湿地方。叶像芹菜叶，夏天开折花，全棵有恶臭。全棵有毒，花的毒性最大。吃后恶心、呕吐、手脚发冷、四肢麻痹，严重的可造成死亡。

野生地：又名猪妈妈、老头喝酒。春天开紫红色花，有的带黄色，花的形状像唇形的芝麻花。根黄色，叶上有毛，有苦味。吃后吐、泻、头晕和昏迷。

毒蘑菇：其种类很多，常见的有：①毒伞（又称蒜叶菌、鬼笔鹅膏、绿帽菌），②褐鳞小伞，③白毒伞，④黑包脚伞，⑤内绿菌，⑥褐脚伞，⑦残托斑毒伞，⑧鬼笔。生长在腐烂的物品上，形状特殊，有像小笔、小伞。颜色鲜艳，有白色、红色、黄色。上述8种都含剧毒。

值得一提的是，蘑菇的颜色、外形、生态等特征与其毒素没

---

① 引自互动百科 http://www.baike.com/wiki/%E8%80%81%E5%85%AC%E9%93%B6。书中有部分内容来自网络，因篇幅原因，不能一一注释，特此说明。

有必然的联系。民间有许多关于毒蘑菇和可食蘑菇的识别方法，这些方法经专家鉴别无一条完全靠得住。因此广大山友在采食蘑菇的时候，应分外小心，若有疑虑拿不准是否有毒，则坚决不采、不食，以免发生不测。

## 可食用野菜

蒲公英：广泛分布于全世界各地，而且全株均可食用。在野外求生环境中，绝大多数有白浆的植物都有刺激性，且不可食用，唯独蒲公英是个例外。蒲公英的药用价值也很高，中世纪的欧洲人用它来解毒，《本草纲目》中也记载它的别称“尿床草”，由此可见它的利尿功效有多么卓著。

牛蒡：如果你家有高血压患者，那么你对于牛蒡一点都不陌生。现在牛蒡被称为降血压圣品，全国上下都流行喝牛蒡茶。当然牛蒡全株都可以生吃（当然你想做熟了吃也成），根部可以煮熟后食用。

蒲草：全株可以食用。如果把蒲草整株从水塘里拔出，可以发现白净的、硕大的根茎，富含水分和营养。蒲草的叶子可以食用，也可以用来制作避难所或者其他器皿。蒲草的芦棒在春季可以食用，秋季可以当做生火的火引，冬天可以填充在衣物里保暖。最重要的是，蒲草的花粉（夏季）有止血的作用。

马齿苋：其实起源于印度，但是这种植物的生命力超强，现在已经广泛地分布于全世界，可以生吃也可以煮熟再吃。马齿苋的药用价值也是相当高的，可以解毒、消炎、利尿、止泻。而且最主要的是它抗病虫害的能力特别强大，生长周期也很短。如果在野外或花园里碰到它，请一定摘一些带回家。

荠菜：遍地都是，有马齿苋和蒲公英的地方就有它的身影。虽然有点淡淡的苦味，那是因为荠菜全草入药，可以治疗痢疾、肠胃溃疡和感冒。

羊腿藜：广泛分布，吃法跟菠菜相近，而且味道也像菠菜。而且这种植物的种子还跟一种叫做藜麦的作物是远房亲戚，富含蛋白质，是很有营养的野外求生植物。

车前草：也是广泛分布，且叶子和种子都可以食用。叶子还可以用来处理小的伤口和蚊虫叮咬，这跟车前草止血、去毒的药用价值是分不开的。

## 三、中毒急救

在户外饮食应当十分注意，万一吃了不干净的食物，发生恶心、呕吐、腹泻、腹痛的症状的话，那就是食物中毒了。食物中毒自我急救的最常用办法就是催吐。当然，这种紧急处理并不是治疗食物中毒的最好办法，只是为治疗急性食物中毒争取时间。必要的情况下，我们需要导泻、洗胃。在紧急处理后，应该马上送病人去医院治疗。去医院治疗前不要轻易服止泻药，以免贻误病情。轻症者可服用诺氟沙星、黄连素等药，呕吐、腹泻次数多者要及时补充含糖、盐的水分。解毒还有一些不错的东西：生牛奶、生鸡蛋清、大蒜脂。

## 四、储存食物

在野外我们没有家用的冰箱，确保食物储存安全十分重要。使食物变质的微生物，如真菌，在温暖潮湿的空气中会滋生繁衍。将食物置于阴凉处，如地窖或冰于凉水中，都可延缓变质，但这仅是权宜之计，要达到长期保存的目的，必须采用更积极有效的措施。主要的方法有：晒、熏、醋腌、盐腌。除非在密封条件下，用糖保存食物不能持续很长时间，不过比用浆果保存要长一些。酒精可作为很不错的防腐原料。

储备的食物不可置于直射的阳光下，因为此时温度和潮气都较大，同时也要避开喜食腐食的小动物。用不透气、防水的材料将食物扎好，或者将食物放在容器中（如桦木皮制的盒子），盖好密封。如果同时储藏数种食物，要做好标记，且分开储藏，以免串味。定期查看是否有问题。

## 晾晒

风和太阳光可使食物变干，不过，多数时候将食物架在火上烤干更为容易。食物失去水分后干缩，体积变小、重量变轻，营养成分更为集中。当水分含量大于10%，食物会生出发霉；当水分仅5%或更少时，食物几乎不会生霉，也很少生蛆。

猪肉、鹅肉以及其他高脂肪肉类难以保存，最好将脂肪切除，在新鲜肉内涂上食盐（盐是很好的干燥剂），将腌过的肉挂在阴凉通风处。

## 烟熏

烟熏肉类既可以使其脱去水分，又给其添上一层保护衣，犹如在外表涂了一层漆。肉类内部被干化，因此不会变质，外面被干封，防止了细菌侵入。在烟房中或圆锥形烟帐中烟熏的效果很好。

圆锥形烟帐：在地上插入三根木棍，形成一个三脚架，将顶部系在一块，中间搭一平台，平台底下用于生火。

烟房：除烟帐外，一个垂直的方形框架是另一种熏干方式。用横杆支撑一个烟熏平台，将火生于平台之下，使用方法与圆锥形烟帐相同。这两种情况下，肉类都应切成精瘦、无脂肪的细条，鱼要掏尽内脏、切成片状。肉块长度可以随意，不过应控制在宽约 2.5 厘米，厚约 6 毫米。

燃起火堆，准备一些青树叶，最好取材质地坚硬的树木，尤其是栎树，但冬青和其他有毒的树叶不可使用。针叶树富含树脂，且燃起后火势很旺。不要用青草叶。一些树叶会使肉具有一种独特的风味，如西班牙辣椒叶熏制出的熏肉风味很独特。

当火堆中已无火苗，将树叶堆放在灰烬上，用块布将框架盖住，使烟不致散失。如果无合适材料，就备好大树枝和草皮堆在上面，封上整个框架达 18 小时，使烟可以充分作用。

如果锥形帐中余火灰烬又突然窜起火舌，框架可能因此而起火，这种情况可通过在岸边挖个洞坑建个火堆来避免。将圆锥形框架树立在烟囱上方，这样既能控制火势，又使烟源源不断供应。这种烟比从地下火堆中直接冒出的烟温度稍低，食物因此慢慢变干，且被包上一层“外衣”，而不致烤煳。

## 晒干肉条

这种方式是通过阳光直接把肉晒干。这不如烟熏肉那样更好保存，只应在无法烟熏时使用这一方式。把肉切成条，像烟熏时一样，悬在阳光下晒干，确保不让动物偷食，距地面约 2~3 米高。晒干肉可能需要两个星期，这段时间必须一直保持干燥，要注意防雨。如必要，将肉条翻转，使肉皮可以充分曝晒。另外，一开始就不让苍蝇挨近，以免其在上面产卵。

## 晒干鱼

与晒干肉条方法相同。去除鱼头、鱼尾，清理内脏，切开鱼肉，去除脊骨，放在阳光晒过的岩石上，在内层切割出条条沟痕，以加速晒干。不超过 7.5 厘米的小鱼不需掏出内脏。

## 干肉松

由干肉条制成的营养浓缩物可以随身携带，易于保存，是很不错的干粮，尤其是你认为可以安全可靠地长途旅行时。干肉饼中富含除维生素 C 以外的所有重要维生素及矿物质。

原料：一份干肉条加上一份等质量的熟油。把肉切开、捣碎，油脂在火上烤化，但不要煮沸，滚烫的热油浇在肉末上，搅匀，晾干，即成干肉松。

气温较低时，将肉松放入防水包中可以保存相当长的时间，尤其是在气候严寒的情况下。

## 醋腌与盐腌

野生酸橙和柠檬中富含柠檬酸，提取出来可以用来腌制鱼肉。一份水加两份水果汁，混匀后将肉浸入，至少 12 小时，再转移到有盖、最好不透气的密闭容器中，必须保证汁液能浸渍所有的肉片。含有较高水分的蔬菜保存很困难，醋腌则很适合它们。如果盐比这类水果汁更易弄到，可以先用盐水将它们煮一下，再保存在盐水溶液中。沸煮会杀灭细菌，盐水则会使细菌远离。

检验盐水浓度是否足够的一种常用方法是，不断往盐水溶液里加盐，搅拌溶解，直至其密度足够大，可以使一块土豆漂浮在盐水溶液中。也可用小块水果，或在无盐溶液中不会漂浮的蔬菜根茎替代土豆作尝试（不能用苹果，它们太容易漂浮了）。另一种腌制方法是，用盐层层填塞蔬菜（如蚕豆或豌豆），在你需要时可以一层层取用，洗净盐渍。

## 坚果与谷类

晾干后，只要不回潮，能很好保存。可以把它们放在用火烘烤过的滚烫岩石上不断翻动，直至完全变干，再放入防潮防水的容器中保存。

## 水果、真菌和地衣类

完整的水果或浆果能直接弄干，也可切成片状，日光、烧烤或热气流都能使之变干。真菌类晒干后也易于保存，尤其是牛肝菌属类真菌。干水果可以直接食用。干的真菌可直接加入汤中或煨炖的食物中，也可先用水浸泡几小时，待其恢复原状后，再用其他方法烹烧。

地衣可以先用水浸泡过夜，捞出适当煮烧，或待其变干后碾成碎粉，再加水烧煮成浓厚浆状。经这样处理的地衣存放在密闭容器中，可以挪出较大的空间存放其他食物。

## 一、急救

户外探险过程中受伤时，该如何处理呢？

### 外伤性流血

分三种：毛细血管出血、静脉出血和动脉出血。皮肤破损造成的轻微流血，血液从创面渗出，容易自动凝结。用水冲洗伤口，再绑上消毒绷带，只需按紧伤口约五分钟即可止血。

如果是伤口喷出大量血液，很可能就是动脉出血了，流血持续超过五分钟就会危及生命。在野外很难给伤员输血，所以最重要的就是止血，我们有几种方法来处理：直接按住伤口，必须持久用力按压，一直到止血为止。

还可以让伤者躺下。用干净的布垫按伤口，用绷带或其他干净的布把布垫包紧在伤口上。若血液浸透了绷带，不要拆去绷带，只需在伤口上再加一个布垫，扎上新绷带即可。伤者需要抬起伤口，使受伤处高于伤者心脏，这样可以使血液更慢流到伤口处，从而帮助止血。

## 扭伤

一般发生在体育锻炼、快速奔跑或走路不慎时，关节扭转的幅度超过正常的范围，从而导致关节韧带的过度伸展和撕裂，从而造成关节扭伤。关节扭伤后的典型症状是：扭伤的关节出现肿胀、剧烈疼痛及局部皮肤发生颜色改变等。

关节扭伤千万不可麻痹大意，以免出现不良的后果。首先不要让患者走动或用患肢站立，松开患者的鞋带或将其鞋子脱掉。在将患者送往医院之前，还应对其进行“RICE”的现场救护。

R：R 代表休息。严重的关节扭伤患者，可伴有软组织撕裂甚至骨折。对这类患者进行救护时，可先用夹板将其扭伤的关节固定，同时叮嘱受伤者不要随意走动，也不要对扭伤部位进行按摩、扭转和牵拉，以免进一步加重关节的损伤。

I：I 代表冷敷。对扭伤的关节处可用冰块或冷毛巾覆盖，或将患处放入冷水中浸泡 15~30 分钟。这样有利于消除患处的疼痛、肿胀和肌肉痉挛。

C：C 代表压迫。若去往医院的路途较远，可用弹性绷带对患者的扭伤部位进行包扎。这样可避免扭伤部位发生内出血。但不要包扎得过紧，以免影响肢体的血液循环。

E：E 代表抬高。应将患者的患肢抬高，并在患肢的下面垫上一个枕头，使患肢与心脏处在同一水平线上。这样可减少患肢的血流量，控制内出血。

需要提醒施救者注意的是，上述救护措施应在患者受伤后30分钟内进行。临床实践证明，及时采取这些救护措施可明显减轻患者的伤痛，并对下一步的治疗十分有用。

## 骨折

当跌倒、被外物撞倒或被重物压伤，都会造成骨折。骨折分两种，骨头折断且与外界相通的开放性骨折和闭合性骨折。开放性骨折一般都比较严重，最好的处理方法是用厚的东西包裹伤口，减少伤口受外界感染的机会。若伤者严重流血，可以尝试止血，等待医疗人员到场协助。

不确定的情况下，让伤者安稳地躺下，把骨折部位固定，一般用制式夹板或就地取材，如用木棍、竹片、树枝、手杖、报纸等做成的夹板进行骨折固定。如果这些条件均不具备，伤者自身身体也是良好的夹板。固定的目的是避免骨折处再次受损，减轻疼痛，减少出血，易于搬运。如果是脊骨受伤，则切勿移动伤者或让其他人移动他。

## 烧伤、烫伤

皮肤被烧伤或者烫伤经常发生，有的儿童常被热水瓶、汤盆、粥锅、火炉等用具烫伤或烧伤，然后皮肤会很快发红，严重时会脱皮，起水泡，成年人被烫伤、烧伤的可能性也很大。那么我们在受伤以后如何处理呢？

烫伤的程度可分为：

一度烫伤（红斑性，皮肤变红，并有火辣辣的刺痛感）；

二度烫伤（水泡性，患处产生水泡）；

三度烫伤（坏死性，皮肤剥落）。

首先我们应该立即脱离造成烧伤、烫伤的物品，然后立即脱掉伤处的衣物或鞋袜，防止粘到皮肤上，加重损伤。如果不立即脱掉，等到肿胀明显的时候不仅不容易脱掉，还会压迫皮肤。

然后烧烫伤局部立即用自来水冲洗，将烧烫伤部位浸泡在干净的冷水中 30 分钟左右。如烧烫伤部位不方便浸泡，可用冷敷方法减轻疼痛，限制疼痛的发展，既能降温，还能止痛。不要用手去揉搓或者用毛巾擦拭，以免加重皮肤的损伤。

可在局部涂食用油或正红花油、各种烫伤膏，无需包扎。二度烧烫伤切忌不要剪掉水泡的表皮，应当尽量保留表皮。并消毒后局部涂食用油或正红花油、各种烫伤膏，可以进行包扎。

褪掉衣服后要注意观察伤者的呼吸、脉搏，可以进行适当的抢救，然后及时拨打急救电话。受伤后绝对不要用黏性绷带、带棉绒或绒毛的物品包扎创面，也不能用紫药水或者红药水涂抹创面。

## 昏迷

成因：人会因很多原因而失去知觉，包括：头部受伤、糖尿病、中毒（如一氧化碳）、癫痫症、心脏病发、严重流血等。

治疗：

呼唤伤者的名字及弄痛他，确定伤者是否清醒。

假如伤者有反应，情况就不算严重，可以送伤者到医院。

假如伤者没有反应，检查伤者有没有心跳及呼吸，若没有心跳的话则要施行心肺复苏法（懂急救的才可使用）。

假如伤者有心跳及呼吸，按照复原卧式让伤者躺下。若怀疑伤者的脊骨受伤，如非必要切勿移动伤者，即使一定要移动也要非常小心。

## 触电

我们日常生活非常依赖电器，但使用不当则可能有触电的危险；在行雷时站在空旷的地方，亦有可能因雷击而触电。人体被强力的电流通过，会出现昏迷及严重烧伤的现象，甚至会停止呼吸及心跳。由于人体能过电，除非肯定电流已经被切断，否则第三者千万不要接触伤者，不然电流会经过伤者通向第三者，波及拯救者。

一定要确定电流已经被切断。若电流无法切断，可尝试把电力总闸关上，或者拔掉插头，或者用不导电的东西把伤者与电流分开。适合的不导电物件，如木质、胶质或纸质等，千万不要用任何金属器具或徒手进行。

假如伤者没有呼吸但仍有脉搏，用口对口人工呼吸恢复伤者的呼吸。

假如伤者的呼吸正常，让伤者以复原卧式躺下。若伤者没有呼吸及脉搏，使用心肺复苏法。

## 眼外伤

每年超过一万人，因眼部受外伤而要前往医院急症室求诊，病例包括被利器所伤、化学烧伤和有异物入眼等。虽然大部分个案都很轻微，但当中约5%的病人视力受到损害。因此，眼外伤后，施行正确的急救是挽救视力一个重要的环节，对于下一步治疗起关键的作用，并可防止视力丧失。

当有异物（如眼睫毛、微尘、碎玻璃）入眼，轻者可以随眨眼或清眼水分泌而排出，千万不要用手擦眼睛，否则异物会嵌入或刮伤眼角膜。如果异物仍留在眼内，应闭上眼，然后延医诊治。

若引起眼球或眼睑流血、水肿，伤者应立即冰敷约十分钟，以纾缓痛楚及水肿，每2~3小时重复冰敷。48小时后，改用冷热交替敷眼。若视物不清、眼睑变黑或眼睛持久疼痛，可能是内眼损伤，应立即求诊。不要自行用水洗眼或试图取出刺入眼内的异物，不要擦眼睛，更不要压眼睛止血，最好用纸杯等物轻轻覆盖便可。

如果做实验，要远离面部，用后要洗手。正确地使用利器。应戴上安全眼罩。佩戴滤光器，避免强光伤害双眼。

## 中暑

夏季许多人都会到户外活动，我们在山野往往奔放追逐，而长时间曝晒在猛烈的阳光下，体内的热温未能充分散发，使体温升高，脑内部的体温调节中枢因连受破坏而停止活动，这就是中暑。

中暑者头痛、发高烧、呕吐或昏倒，很多人对中暑应对不重视，其实中暑有时会危及生命。因此野外活动者不可不注意防范及急救，最好戴上遮阳帽，并防止曝露在阳光下太久。

一旦有中暑现象，应该赶快急救，以免虚脱而毙。首先，将病者移到阴凉的地方，松开或脱掉他的衣服，让他舒适地躺着，用东西将头及肩部垫高。

以冷湿的毛巾覆在病者的头上，如有水袋或冰袋更好。将海绵浸渍酒精，或毛巾浸冷水，用来擦拭身体，尽量扇凉以降低他的体温到正常温度。

然后测量病者的体温，或观察其脉搏率，若在每分钟 110 次以下，则表示体温仍可忍受，若达到 110 次以上，应停止使用降温的各种方法。观察约 10 分钟后，若体温继续上升，再重新给予降温。

## 寒冷

我们在户外拍摄节目的时候，经常遇到寒冷气候，也是最恶劣的气候之一。2016 年的冬天非常寒冷，我们在长春净月山上，四肢被冻得已经麻木，时常回到室内在炉火边取暖，会发现半个小时都缓不过来。另外一次是在中国最北——抚远东方第一哨，你会发现，原先我们的经验、羽绒服根本没有用。而那里士兵穿的是厚厚的类似防雨布的作战服，户外短短的升旗过程，眼睛已经睁不开。所以，学习如何在户外寒冷气候下生存是一项基本求生本领。

首先利用足够的衣物来防寒。在寒冷的户外，最好用衣物将头部包起来，因为如果不保护好头部，你会失去40%~45%的热量。如果不保护好颈部、腕部和脚踝，会失去更多的热量。大脑比较容易受到寒冷的影响，而且只能承受一些轻微的寒冷。所以应该首先保护头部，用衣物包裹头部，防止热量流失。

准备一个舒适保暖的睡袋，这是在户外寒冷气候下最有用的生存工具。如果睡袋湿了，那么它的隔热性能就会大大降低，起不到保暖的作用。在这种情况，可以自己动手做一个。准备一块降落伞布或者类似材料，找一些天然的干燥材料，如树叶、松木针或者苔藓等，将干燥的材料放在两层降落伞布之间，就可以做成一个非常舒适的睡袋了。

尽快寻找避身所，很多人利用雪来当做避身所，比如雪洞避身所、树洞避身所、单坡屋顶避身所。快速地选择避身所，往往至关重要。切记千万不要直接躺在地上，因为冰冷的大地会吸取你大量的热量。寻求一切可能生火取暖，打火石、打火机、汽油等任何可燃物都是生存的关键。但在生火时也一定要保持冷静，不要将自己的衣物引燃。而且避免在避身所里生火，因为避身所如果不能充分地通风换气，会导致一氧化碳中毒。

低温症时，避免过快回升体温。因为体温回升太快会使病人血液循环出现问题，最终导致心脏衰竭。食用一些含糖量高的东西，比如蜂蜜和葡萄糖等，有助于病人恢复体温。

## 儿童心肺复苏

儿童心跳呼吸骤停是指儿童突然停止呼吸及循环功能。心肺复苏是采用一组简单的技术，使生命得以维持的方法。

保持呼吸道通畅：小儿低氧血症和呼吸停止可能引起或造成急剧恶化和心跳呼吸停止。首先应去除气道内的分泌物、异物或呕吐物，有条件时予以口、鼻等上气道吸引。异物吸入是儿童常见的气道阻塞原因，复苏时应予以考虑，尽可能去除气道异物。将患儿头向后仰，抬高下颌，一只手置于患儿的前额，将头向背部倾斜处于正中位，颈部稍微伸展，即嗅气位。用另一只手的几个手指放在下颌骨的颏下，提起下颌骨向外上方，注意不要让嘴闭上或推颌下的软组织，以免阻塞气道。

口对口人工呼吸：此法适合于现场急救。操作者先深吸一口气，如患者是 1 岁以下婴儿，将嘴覆盖婴儿的鼻和嘴；如果是较大的婴儿或儿童，用口对口封住，拇指和食指紧捏住患儿的鼻子，保持其头后倾；将气吹入，同时可见患儿的胸廓抬起。停止吹气后，放开鼻孔，使患儿自然呼气，排出肺内气体。

## 呼救

在野外，对野外生存者来说，及时了解自己所面临的困境，通知别人，求得救援，是非常重要的。遇险求救时，要通过各种方式与别人取得联系，发出的信号要足以引起人们的注意。那么，怎么做才能让你的伙伴知道你的位置？野外遇险求救信号你会用几种？

## 二、救援

户外探险中，当与外界失去联系，如何寻求救援？需要利用各种信号。

### 烟火信号

火光作为联络信号是非常有效的。为保证其可靠程度，遇险时可根据自身的情况：白天可在火堆上放些苔藓、青嫩树枝、橡皮等使之产生浓烟；晚上可放些干柴，使火烧旺、升高。

燃放三堆火焰是国际通行的求救信号，将火堆摆成三角形，每堆之间的间隔相等最为理想，这样安排也方便点燃。如果燃料稀缺或者自己伤势严重，或者由于饥饿过度虚弱，凑不够三堆火焰，那么因陋就简点燃一堆也行。

在夜间或深绿色的丛林中，亮色浓烟十分醒目。添加绿草、树叶、苔藓和蕨类植物都会产生浓烟。其实任何潮湿的东西都产生烟雾，潮湿的草席、坐垫可熏烧很长时间，同时也使飞虫难以逼近伤人。

### 旗语信号

把一面旗子或一块色泽亮艳的布料系在木棒上，持棒运动时，在左侧长划，右侧短划，前者应比后者用时稍长，加大动作的幅度，做“8”字形运动。如果双方距离较近，不必做“8”字形运动。

## 声音信号

如隔得较近，可大声呼喊，三声短，三声长，再三声短。间隔1分钟之后再重复。

## 反光信号

利用阳光和一个反射镜即可射出信号光。任何明亮的材料都可加以利用，如罐头盒盖、玻璃、金属箔片，有面镜子当然更加理想。持续的反射将规律性地产生一条长线和一个圆点，这是代码的一种。即使你不懂代码，随意反照，也可能引人注目。无论如何，至少应掌握SOS代码。即使距离相当遥远也能察觉到一条反射光线信号，即使你并不知晓欲联络目标的位置，所以值得多多试探，而其只是举手之劳。注意环视天空，如果有飞机靠近，就快速反射出信号光。这种光线或许会使营救人员目眩，所以一旦确定自己已被发现，应立刻停止反射光线。

## 留下信息

当离开危险地时，要留下一些信号物，以备让救援人员发现。地面信号物使营救者能了解你的位置或者过去的位置，方向指示标有助于他们寻找你的行动路径。一路上要不断留下指示标，这样做不仅可以让救援人员追寻而至，在自己希望返回时，也不致迷路——如果迷失了方向，找不着想走的路线，它就可以成为一个向导。

## 一、饮食

我们有了健康的运动方式，还需要健康的饮食。轻食一说，最早是从欧洲而来。在法国，午餐“Lunch”一词具有轻食的意味；此外，常被解释为餐饮店中快速、简单食物的“Snack”，也是轻食的代表字眼之一。

轻食让食用者无负担，无压力，更营养，更享受，更美味，让我们拥有一种积极阳光的生活态度。轻食是舶来品，也可以是基于本地餐食习惯之上进行改良的健康轻食。在美国，轻食可以是没有过多黄油、芝士、脂肪的汉堡；在英国，轻食可以是烤箱烤制的鱼柳和薯角；在东南亚，轻食可以是用椰子油制作的马来咖喱鸡胸；在中国，轻食可以是以烤鸡胸为蛋白质的主要来源。

现在有很多青少年偏胖，因为我们身体经过数千年的进化，在远古时代我们通常吃不饱，于是会储存脂肪来应对食物的短缺，而现在食物充足，于是堆积的脂肪使我们肥胖。下面来了解户外课程中，我们需要吃的东西。

## 早餐

早餐前应先喝水，人经过一夜睡眠，从尿、皮肤、呼吸中排出了大量的水分，消耗了大量营养，早上起床后处于一种生理性缺水状态。一顿丰富的早餐非常重要，在一天时间里早餐食谱中的各种营养素的量，一般应占全天供给量的30%左右。其中对在中、晚餐中可能供给不足的营养，如维生素B1等，早餐应适量增加。且做到粗细搭配，营养互补。

## 全麦面包

许多人都习惯选择面包作为早餐，因为无论什么地方都容易买到。但是面包中最健康的首选全麦面包，其他面包大多含有酵母，容易造成胃酸过多，对肠胃不好的人有害无利。而全麦面包含有大量的维生素、纤维素及矿物质，有益人体肠胃健康，并且多吃不会发胖，反而可促进体内毒素排出，更有利于人体健康。

## 鸡蛋

美国营养学院研究指出，早餐添加一点蛋白质的女性，比那些早餐无蛋白质的女性更能保持4个小时较少饥饿感。而吃鸡蛋就可以补充蛋白质，鸡蛋的蛋白部分含有大量的蛋白质。吃鸡蛋一定要煮熟吃，因为生鸡蛋内有细菌。还有鸡蛋不宜多吃，因为鸡蛋是高胆固醇的食物，胆功能不好的人一定要注意少吃。

## 香蕉

在繁忙的生活环境里，人们常常不重视早餐营养，随便乱吃敷衍过去。其实想吃健康早餐又不想麻烦，何不吃个香蕉？香蕉几乎含有所有的维生素和矿物质，因此从香蕉中可以很容易地摄取到各式各样的营养素。而且香蕉含有相当多的钾和镁，钾能防止血压上升及股长肉痉挛，而镁则具有消除疲劳的功效。因此香蕉可以长时间提供能量，支撑上午的工作消耗。

## 酸奶

早晨的时间总是很紧迫，不可能做得太丰富。想要营养一下子大大提升，不妨在摄入足够的碳水化合物后，再喝杯酸奶。因为酸奶是由纯牛奶发酵而成，除保留了鲜牛奶的全部营养成分外，在发酵过程中乳酸菌还可产生人体营养所必需的多种维生素，如维生素 B1、维生素 B2、维生素 B12 等。具有调节免疫、预防肠道感染疾病、改善胃肠功能的作用，还可促进肠道蠕动，利于通便。

## 草莓

草莓营养丰富，含有果糖、蔗糖、柠檬酸、苹果酸、水杨酸、氨基酸，以及钙、磷、铁等矿物质。此外，它还含有多种维生素，尤其是维生素 C 含量非常丰富，每 100 克草莓中就含有维生素 C 60 毫克，可以活化细胞，对肠胃有滋补的作用。草莓中所含的胡萝卜素是合成维生素 A 的重要物质，具有明目养肝作用。草莓还含有果胶和丰富的膳食纤维，可以帮助消化、通畅大便。

## 菠菜

女性都应该清楚地知道，菠菜是女性食物中的圣物，它茎叶柔软滑嫩、味美色鲜，含有丰富维生素 C、胡萝卜素、蛋白质，以及铁、钙、磷等矿物质。具有抗衰老、促进细胞增殖的作用，既能激活大脑功能，又可增强青春活力。而且，菠菜中含有女性比较容易缺乏的矿物质——镁。女性每日摄入的镁如果少于 280 毫克，就会感到疲乏。镁在人体内的作用是将肌肉中的碳水化合物转化为可利用的能量。

## 熟肉

众所周知，食肉能够提供优质蛋白质及高能量的脂肪，其中还有一定的维生素和矿物质，这些都是和我们身体的健康成长、智力发育、体力耐久性等密不可分的。而且，生肉在烹煮的过程中会溶解出一些呈味物质，这些呈味物质就是浸出物，该物质可以促进食欲并增加消化液的分泌，有利于肠胃对摄入物的消化吸收。

## 像一天一样吃饭

一天哥哥是中央电视台少儿频道《大风车》《快乐体验》的主持人，曾带领来自全国的孩子们乘水上摩托环绕海南岛，搭乘雪橇穿越吉林的雪乡，翻越腾格里沙漠，在太平湖的孤岛上荒野生存。他在节目的绝境里，激发孩子们的本能，挑战极限，给全国观众留下深刻印象。他的早中晚饭也很自律健康，我们一起看看他的食谱。

早晨：蜂蜜水、燕麦、各种干果、香蕉。

午餐：沙拉（鹰嘴豆、牛油果、西红柿）、三明治或者米饭搭配肉食、各种水果。

晚上：面条、红薯。

上午下午加餐：新鲜水果、各种坚果、全麦面包加上蜂蜜花生酱。

### 二、体能训练

体能训练就是对人体的各个器官、组织以及躯干进行自我调节性的训练，一般包括力量训练、柔韧度训练、弹性训练、耐力的训练，等等。对于身体不好的孩子，参加体能训练的确能提高孩子的免疫能力。青少年不论是骨骼还是其他方面都处于生长发育的阶段，户外的体能训练，对于促进生长、增强免疫力是十分有用的。下面我们就进行针对性的训练。若是想要增强腿部力量，以跳跃、深蹲为主；若是想要增强手臂力量，则可以选择俯卧撑、仰卧起坐之类的；而训练全身的协调性，则以慢跑、游泳为主。运动需要循序渐进，建议依据自身素质采取合适的运动量，以免对身体造成伤害。

## 长跑

1. 距离在3 000米左右的长跑，对心肺功能的锻炼和腿部肌肉群的耐力提高很有好处。普通锻炼者需要的适应时间也短，大概在跑过4~5次的全程后（时间1周到2周）就可以基本适应。此后可以采用每周3~4次的间隔强度进行锻炼。

2. 要领：刚开始锻炼，首先注意自己的手臂摆动幅度要大一些，特别是后摆要有力。

3. 注意自己的呼吸节奏，不要刻意用力呼吸，保持均匀，同时保持自己奔跑速度的均匀。

4. 戴一块手表跑步，记一下自己的时间，争取每一次都比上次有一点点进步。

习惯这个距离而又不希望加长距离，可以在最后200~400米冲刺，以加大强度。

## 仿生爬行训练

爬行训练在运动和康复中是非常重要的，中国国家乒乓球队经常使用这种方法训练。在我们平时运动训练的过程中，一定要懂得用科学合理的训练来提升自己，并且避免运动伤害。爬行训练可以建立灵活性与稳定性的平衡，降低运动损伤的风险，同时也减少了脊椎的压力。包括基础爬行、熊爬以及鳄鱼爬等。

## 跪姿支撑

跪在地上，双手和膝盖着地。将双手放在肩膀下方，两膝位于髋部下方。保证整个脊背保持直线。当保持脊柱直线姿势时，向前伸出一只手臂以增加难度，然后将对角一侧的腿向后滑动。当手臂和对侧腿都伸出时要能够保持脊背呈水平位。

## 熊爬

熊爬被认为是人体本身具有的自然动作模式，它真实呈现了所谓核心旋转稳定度的姿势，可以用于热身、核心训练及体能。爬行方向可以分成“前后来回”及“左右来回”。双手双脚撑于地面，像是婴儿爬行的姿势，可是双膝不跪地。前进时以侧边手脚进行移动（右手左脚一起动），前进力量主要放在双脚推进，手只是平衡用，不必太刻意出力。

## 鳄鱼爬

首先请记住，这是一边做俯卧撑一边在地面爬行。以基本的俯卧撑姿态出位，含下，然后用你的右膝去顶你的右肘。在开始后，用右臂向前爬行，然后用你左膝顶你的左肘。重新回来，普通俯卧撑姿态，此时应伸出左臂，再用你的右膝去顶你的右肘……循环往复。

## 深蹲

1. 站姿：双脚分开比肩稍宽，双脚脚尖稍微冲外成 11：05 方向，挺胸收腹，双手交叉抱在脑后，稍微抬头，肘关节打开，肩胛骨向后收紧。下蹲时保持后背挺直，收紧小腹并且努力保持脊椎笔直（当然不是要你破坏生理弯曲，就是后背看起来始终是直的，不要弓背），让臀部绷紧并稍微向上翘起，保持重心在足底。起立时重心稍微靠后，并且注意发力次序，尽量让膝关节和髋关节同时打开，膝盖始终保持稳定并与脚尖方向一致。深蹲幅度在动作标准的前提下越低越好。

2. 呼吸：怎么舒服怎么来。

3. 节奏：一定要慢。

4. 训练目标：熟练深蹲这个动作，找到良好的肌肉本体感觉与发力次序，以此为基础去学习其他下肢类动作。

## 美国最著名纵跳训练计划

这项计划可以让你的纵跳能力提高 20～30 厘米以上。锻炼过程很辛苦，整个过程要 15 个星期。对于每个动作项目，如果一种动作要做 3 组，组与组之间休息不能超过 2 分钟，若完成了，需直接做下个项目，记住不要休息！

## 半蹲跳

1. 开始时，半蹲至1/4的位置，双手放置于前。

2. 向上跳离地面最少20~25cm（若你觉得容易的话，可以跳至25~30cm）。当在空中，你的双手需放在后面。着地时，完成一次。

接下来，重复以上步骤。

## 抬脚尖（提踵）

1. 首先，找个梯级或一本书来垫脚，然后只把脚尖放在上面，脚跟不得着地或垫着。

2. 脚尖抬到最高点。

3. 再慢慢放下，完成一次。双脚完成，完成一个组。

## 台阶

1. 找张椅子来，把一只脚放上去，呈90°。

2. 尽全力跳开，在空中换脚，再放在椅子上。

3. 重复步骤2，将原起跳的脚放回椅子上，完成另外一跳。

## 纵跳

1. 双脚放直，与肩同宽，“锁紧”你的膝盖。

2. 只用你的小腿跳，只能弯曲你的脚踝，膝盖尽量不弯曲。

3. 着地时，再迅速起跳，完成一次。

这一项很难，你可用手帮助起跳。

## 脚尖跳

1. 将脚尖抬到最高点。

2. 用脚尖快速起跳，跳时不得超过 1.5~2.5cm。

蛙跳练习是必要的，对于弹跳力的提高有一定的帮助，因为这是训练力量的一个途径。除此之外，还有其他的一些方法。

## 边线冲刺

利用室外跑道两个标志物之间的距离。

1. 从一端开始奔跑，尽可能快地跑到另一边。

2. 一旦你到达另一边，用侧弓箭步改变方向，用一只手拍打地面。

3. 带着向前的势头冲刺折返跑。继续重复 1 分钟。

可以两队比拼五人接力，每人冲刺五次，看哪一队率先完成比赛。

## T 字伏地挺身

1. 双手与肩同宽，做一个平板支撑的姿势，臀部与肩膀，脚和躯干成一直线。做一个俯卧撑。

2. 当你回到原来的位置，身体的重心移到左脚的外侧，将右脚堆叠在左脚上面，然后右手臂指向天空。保持这个侧身拉伸动作一会，再回到原位。

3. 完成另一个俯卧撑，在右手边完成一样的动作。按照自己的节奏持续重复 1 分钟。

降低难度：将你的两个膝盖搁地上做俯卧撑，当你转换侧身动作时，把两脚之间的宽度拉开能提高稳定性。

## 横向双腿前驱跳

1. 在草地上画条线。站在一边的腿和脚紧密合作。轻微下蹲，用爆发力蹬地，膝盖朝胸部靠拢，人跳到线的另一边。

2. 脚尖着地，小心不要让你的脚平放到地面。下蹲调到另一边，膝盖夹着又回到原来的地方。持续重复 1 分钟。

降低难度：跳的时候不再将膝盖靠拢胸部，就像平日跳绳的动作就可以了。

## 下犬式蜘蛛人平板支撑

1. 做一个平板支撑的动作，双手与肩同宽，臀部与肩部、脚和躯干成一条直线。

2. 将右脚抬离地面，让你的膝盖触碰右边手肘，将身体大部分重量集中在手上。将脚放回原来的位置。朝天空的方向抬起你的臀部，做下犬式的动作。

3. 返回到原来的位置。重复刚才的动作，用膝盖触碰左边手肘，以下犬式完成动作。持续重复 1 分钟。

降低难度：跳过膝盖提起的动作，专注做好平板支撑与下犬式的转换。

## 交替举腿触摸脚趾

1. 仰卧，双脚伸直，手臂伸直在身体两侧。

2. 右手臂高举过头。利用躯干力量同时将左脚抬起指向天空，你的右手触碰到左脚。放下手脚回到原来的位置。动作完成两次。

3. 旋转手臂，你的左臂可以高举过头。让右脚和左手重复刚才的动作。换方向之前重复动作 3 次。持续重复动作 1 分钟。

### 三、户外游戏

户外游戏是不可或缺的一部分，使一直以来因学习和工作的压力而持续紧张的大脑，在户外运动过程中逐渐放松，给人一种如释重负的感觉。可以锻炼身体，促进新陈代谢，增强体质。户外运动过程中，身体里的每一个细胞都被唤醒，体内的废气不断与大自然的新鲜空气交换出去，加快了体内毒素的排出，促进新陈代谢。因此户外运动不仅给人思想上的净化，更重要的是带来身体上的净化和更新。

户外运动一般都不会单独行动，通常都会呼朋唤友，集体行动，这也是为了安全，可以互相照应。

## 倒棍子游戏

大家围成一个大圈，其中一人站在圈中央，找一根长 1 米左右的木棍，或者是一把长雨伞。把木棍竖立在地面上。游戏开始后，大家跟随口号或音乐顺时针走动，音乐或口号一停止，持棍者喊出圈中任意一个人的名字，之后松开手，被喊到名字的人要迅速在棍子落地之前接住棍子，并不让棍子倒下。成功者将转换成中间持棍者，失败将回到原位。

## 泡泡糖

人数以奇数位开始，当大家准备好时，主持人喊“泡泡糖”，大家要回应“粘什么”，主持人随机想到身体的某个部位，台上的人就要两人一组互相接触主持人说的部位。比如，主持人说左脚心，那么台上的人就要两人一组把左脚心相接触。而没有找到同伴的人被淘汰出局。当台上的人数变成偶数时，主持人要充当 1 人在其中，使队伍始终保持奇数人数。最后剩下的两人胜出。

## 吸管运输

20 人分成四组，每队各选五人上场，每队五个队员按顺序站好。每人嘴里叼一支吸管，第一个人在吸管上放一个钥匙环之类的东西。比赛开始时，不许用手接触吸管和钥匙环，只用嘴叼吸管的姿势把钥匙环往下传，直到传到最后一个人嘴叼的吸管上，游戏结束。在中途如果吸管或钥匙环掉下来，则要从新开始。每组运输最快的队胜出，共四个队获奖。

## 水果蹲

挑选八个队员，每人代表一种水果或蔬菜。倾斜着面对面站两排，由一名队员开始，一边蹲下一边喊“××蹲，××蹲，××蹲完××蹲”，说××蹲的时候不能指着代表××的队员，要指着代表另一种水果的队员。喊口号时，喊的下一位队员与手指的一致的话淘汰；该蹲下的队员没蹲下的淘汰；不该蹲下的队蹲下的淘汰。

## 臀部文字

为锻炼肢体语言，每个队出一名队员背向大家表演，主持人给一个单词，队员用臀部表演英文数字，看本队其他队员能不能猜出来。

## 抛绣球

每队派 3 人限时 3 分钟。2 人合作，1 人扔球，1 人捡球、递球。一人背对着伙伴努力用小筐接住皮球。扔球的人站在舞台最里端，接球的只能在舞台外活动。4 队同时进行，接住其他队的人扔出来的球也算数。最终在规定时间内接住皮球数量最多的代表队获胜。

## 蒙眼平衡

各队轮流派出 1 人。把拖鞋放在起点前方 5 步的地方。回到起点蒙眼旋转三次以后出发。能够准确前进 5 步，第 6 步穿到拖鞋较多的一组获胜。

## 极速少年

中央电视台少儿频道 2016 年重要赛事之一。30 人 31 足，锻炼大家的团队合作能力及协调能力。每队 5 人排成一横排，相邻的人把腿系在一起，一起跑向终点，用时最短的胜出。分成三组进行比赛，抽签决定比赛次序，项目体现的是团队队员之间的配合和信任。